四つの未来

〈ポスト資本主義〉を展望するための四類型

ピーター・フレイズ

酒井隆史 訳

以文社

Four Futures: Visions of the World After Capitalism
by Peter Frase

目次

凡例

＊本書の底本は、Peter Frase, *Four Futures: Visions of the World After Capitalism*, Verso, 2016. である。

＊原書のイタリック体は、強調の場合には傍点を、書名の場合には『 』を付した。

＊翻訳にあたって、訳者による短い補足は〔 〕で挿入し、長文の補注となる場合のみ欄外に掲げた。原注はアスタリスクと数字（＊1、＊2、＊3、……）で表し、各章末にまとめた。

＊本文中の引用は日本語訳があるものはそれらを参照した場合もあるが、基本的には訳者によるものである。またそれら文献は各章末の原注のなかにまとめた。

四つの未来

〈ポスト資本主義〉を展望するための四類型

序章　黙示録とユートピアとしてのテクノロジーとエコロジー

二つの妖怪が二一世紀のこの地球を徘徊している。エコロジカルな破局と自動機械《オートマトン》という妖怪が。

二〇一三年、ある米国政府の観測所は、地球上の大気中の二酸化炭素濃度が、記録された歴史上はじめて四〇〇ppmに達したと記録している。[*1] 三〇〇万年ものあいだ地球が越えたことのないこの敷居は、新世紀の気候変動の加速を告知している。気候変動にかんする政府間パネルは、海氷の減少、海洋の酸性化、そして干ばつや極端な暴風雨といった事態の頻度の上昇を予測している。[*2]

それと同時に、高い失業率と賃金の停滞のなかで、テクノロジー的ブレイクスルーのニュースがわたしたちに届いている。これが仕事の未来に対する自動機械の影響についての不安に満ちた警戒をもたらしている。二〇一四年のはじめ、MIT教授のエリック・ブリニョルフソンとアンドリュー・マカフィーは『ザ・セカンド・マシン・エイジ――すばらしいテクノロジーの時代における労働、進歩、繁栄（*The Second Machine Age: Work, Progress, and Prosperity in a Time of Brilliant Technologies*）』という著作を公刊した。[*3] この著作は、農業や製造業のような既存の分野のみならず、医療や法律、輸送にいたるまでの諸部門における人間労働に、コンピューターとロボットのテクノロジーがとってかわる未来を展望したものである。オックスフォード大学では、ある研究ユニットが、広く知られた論文で、今日の米国における職業のほとんど半数がコンピューター化にさらされると見積もった。[*4]

この二つの不安は、多くの点で真っ向から対立している。気候変動への恐怖は、過小への不安である。つまりそれは、自然資源の稀少性、農業用地や居住可能な環境の喪失――そして究極には、人間生命を支えうるひとつの地球の解体――を予期するものである。自動機械の恐怖は、反対に、過剰への恐怖である。すなわち、完全にロボット化された経済は、ごく少数の人間労働で過剰に生産するので、もはや労働者を必要としないのではないかという恐怖である。稀少の危機と過剰の危機に同時に直面しているなどということが、ありうるのだろうか?

本書は、そうした矛盾ぶくみの二重の危機は、現実であると考えている。そして、この二つの力学の相互作用こそ、わたしたちのこの時代を、可能性と危険に満ちた、とても気まぐれで不安定なものにしている。これからわたしは、この二つの力学のありうる相互作用のいくつかを素描してみる。

とはいえ、まずもって、自動機械と気候変動をめぐる現在の議論の輪郭を描いてみる必要がある。

ロボットの台頭

「ロボットの専制国家にようこそ——わたしたちをクビにしないよね？」。二〇一三年の『マザージョーンズ』誌の見出しである。[*5] あらゆる経済の領域で急速に進行する自動化《オートメーション》とコンピューター化の状況をサーヴェイした、リベラルな評論家ケヴィン・ドラムによるその記事は、近年における報道の大方の傾向をよくあらわしている。つまり、新奇な機械装置の可能性に目を見張ってみせながら、同時に恐怖する。そんな傾向である。自動化の急速な進行は、よりよい生活の質やより多くの娯楽時間が万人に与えられる世界の可能性の先触れでもあるが、他方、その逆に、大量失業や一パーセント「の富裕層」がさらに富を独占する先触れでもある。これがドラムのものもふくめ、よくみられる論調である。

このような緊張関係はけっして目新しいものではない。たとえば、ジョン・ヘンリーと蒸気ハンマーをめぐる民衆神話《フォークロア》が一九世紀に生まれている。それは、鉄道労働者ジョン・ヘンリーが蒸気機関で動作するドリルと競争して勝利するといった物語である（勝利のあと、パタッと死んでしまうのであるが）。いくつかの要素が重なり合って、テクノロジーやその労働への影響にかんする憂慮は、［かってなく］強まっている。依然として脆弱な景気後退後の労働市場のおかげで、人びとの心には失業にかんする不安がいつも取り憑いている。自動化とコンピューター化の波は、それとは無縁であると長いあいだみなされてきた専門的・創造的産業まで襲いはじめている。そもそもそれは、こうした問題を扱っているジャーナリスト当人の職種をも脅かしつつあるのだ。そしてすくなくとも変化のペースは、多くの人びとにとって、かつてなく上昇しているように映っている。

「第二次機械時代《ザ・セカンド・マシン・エイジ》」とは、ブリニョルフソンとマカフィーが打ち出したコンセプトである。同名タイトルの著作で、かれらはつぎのように論じている。第一次機械時代《ザ・ファースト・マシン・エイジ》——産業革命——が人間の筋肉を機械の力にとってかえたように、コンピューター化によって人間は「環境を理解し形成するために脳を使いこなす能力」を大いに増強させることができる、あるいはそれにコンピューターをとってかえることさえできる、と。[*6] この著書やその前著『機械との競争（*Race Against the Machine*）』［村井章子訳、日経BP社、二〇一三年］で、同著者たちは、コンピューターとロボットが経済のあらゆる領域に急激に浸透しており、熟練度の高い低いは関係なく、労働を不要なものにしていると論じている。かれらの見解の中核をなしているのが、書籍から音楽、日常のネットワークにいたるまで、世界の大半がデジタル・インフォメーションによって処理されているということである。いまやそれらは、世界中で、瞬時に、そしてほとんど無料で、コピーすることも伝達することもできるようなかたちで、利用可能なのである。

この種のデータが可能にする応用範囲は途方もなく広い。とりわけ物理的世界のロボット工学やセンシング［計測・感知装置］技術における発展とむすびつく場合、そうである。オックスフォード大学のカール・ベネディクト・フレイとマイケル・A・オズボーンは、アメリカ合衆国労働省による、多岐の職種にわたる詳細な分析を活用した研究を発表している。広範に参照されているその研究で、かれらは、現在の米国の雇用の四七パーセントが現在の技術的発展のもたらすコンピューター化に［よって消える危険に］さらされていると見積もっている。[*7] 経済協力開発機構（ＯＥＣＤ）のスチュアート・エリオット（Stuart Elliott）は、同一のデータをより長期的な視角から利用しながら、その数字はおそらく八〇パーセントにのぼるだろうとみている。こうした数字は、分類する側の主観的決定と複雑な定量的手法双方から由来するものであって、あまり信頼をおきすぎるのも誤っている。にもかかわらず、近未来におけるさらなる急激な自動化の可能性が、きわめて現実的であるのもあきらかだろう。

　ブリニョルフソンとマカフィーは、おそらく急激な自動化の予言者のなかでもっとも著名な人物である。とはいえ、かれらの著作は、爆発的流行をみせているジャンルの一例にすぎない。たとえば、ソフトウェア起業家のマーティン・フォードは、二〇一五年の著作『ロボットの脅威』で、このような状況を論じている。[*8] 他の人びととほとんどおなじ資料に依拠しながら、自動化の速度にかんしても同様の結論に到達しているのである。ただし、かれの結論はいささかラディカルである。あとで議論するつもりである普遍的ベーシック・インカムが重要な位置を占めているのである。それに比して、同系列の文献の多数には、教育についての気休め程度の言及以上のものは見あたらない。

　多数の人びとが急激な自動化やそれが引き起こすであろう社会的混乱の見込みを論じているからといって、それが本当に切迫した現実であるわけではない。先に述べたように省力化技術への不安は、実際には、資本主義の歴史をつらぬいて存在していた。とはいえ、わたしたちがいま人間労働の必要を劇的に削減する可能性——必然的に現実となるというわけではない——に直面していることを示す指標も多く存在している。いくつかの事例からは、多様な領域で人間労働が完全に削減ないし根絶されつつあることもみえてくるのだ。

二〇一一年、ＩＢＭはスーパーコンピューター「ワトソン」を開発し、テレビ番組『ジェパディ！』[訳注]で人間を相手に対戦し、みごとに勝利した。この偉業はいささか軽薄な宣伝活動ではあったが、ワトソンが他のもっと価値のある仕事にも適していることを示してみせた。大量の医療文献を処理してよりよい診断法を提示することで医者をサポートする、その機能は試験ずみである。とはいえ、ワトソンのもともとの目的はそれだったのではあるが。しかし、ワトソンのシステムはまた、「ワトソン・エンゲージメント・アドバイザー」としてもリリースされた。カスタマーサービスとテクニカルサポートへの応用を意図したものだ。ユーザーからの日常的自然言語による質問に応答するソフト

訳注　『ジェパディ！（Jeopardy!）』は、米国のテレビのクイズ番組で（一九六四年にはじまるテレビのクイズ番組の老舗で、日本の『クイズグランプリ』もこれにならっている）、ＩＢＭのワトソンはそれに出演して勝利するという目標を立てて開発され（より大きな目標は、非構造データのなかから効率的に答えをみつけるテクノロジー開発にある）、二〇一一年に歴史的勝利をあげたとされる。

ウェアは、いま職に就いているコールセンターの労働者（多くがインドにいる）に、潜在的にはとってかわることができる。法律関連書類の調査——伝統的には多数の法律家の卵がおこなっていた大いに時間を喰う仕事——も、このテクノロジーの有望な応用先である。

もうひとつの急激な進歩をみせている領域は、ロボット工学、すなわち、機械組織と物理的世界の相互作用の研究である。二〇世紀を通して、大規模工業で使用されるロボット——たとえば自動車の組立ラインを作動させるような——の発展には多大なるものがあった。しかし、人間がこれまで秀でていた領域、きめこまやかな動作技術や複雑な物理的領域の操作のような領域にまでそれらが浸透をはじめたのは、近年のことである。米国防衛省はいま、制服を中国に発注するのを避けるため、コンピューター管理の縫製機械を開発している。[*9] ほんの数年前まで、自動運転も現在のテクノロジーの水準では不可能であるみなされていた。ところがいまや、センサーテクノロジーと包括的地図データベースを組み合わせることで、Googleによる自動運転車のようなプロジェクトが実現しつつある。ローカス・ロボティクス（Locus Robotics）という会社は、巨大倉庫で注文処理できるロボット開発にのりだしているが、それは現在しばしば過酷な労働条件で働いているAmazonやそれ以外の労働者たちにとってかわる可能性がある。[*10]

自動化は農業においてすら進行している。農業はかつて人間労働の最大の割合を占めていたが、いまでは雇用のほんの一角を構成するのみである。とりわけ米国やそれ以外の富裕国ではそうである。カリフォルニアでは、メキシコの経済状況の変化と国境の厳格な取り締まりが、労働力不足をもたらした。これに促されて、農民たちは、つい最近までは人間の手を要したフルーツの刈り取りのようなデリケートな作業すらこなせるあたらしい機械装置に投資している。[*11]このような展開が示すのは、周期的な資本主義の力学である。すなわち、労働者がより強力になり賃金が上昇するにつれて、資本家に対する自動化への圧力も高まるのである。低賃金の移民農業労働者の膨大なプールが存在するとき、一〇万ドルのフルーツ摘み取り機はムダな浪費にしかみえない。しかし労働力不足によって賃上げの要求ができるようになると、それを機械に置き換えようとする誘因《インセンティヴ》も強化されるのだ。

自動化にむかうこのトレンドは、資本主義の歴史全体を貫通している。近年では、それはむしろ穏やかなものになり、いくぶんかみえにくくもなっていた。その背景には、ソ連崩壊と中国における資本主義への転回以降に、グローバル資本主義が享受した、大量の安価な労働力の流入がある。しかしいまや中国の諸企業ですら、労働力不足に直面し、自動化やロボット化のあたらしい方策を探っている。

例をあげればきりがない。ロボット麻酔科医が内科医にとってかわる。ハンバーガー製造機械がマクドナルドのスタッフにとってかわる。大規模3Dプリンターが、家屋を一日で建ててしまう。毎週のように新奇な一報が届いてくる。

自動化は、このような次元すらも越えて、最も古く、最も根源的な、女性による労働の形態にも進出する傾向をみせている。一九七〇年代に、ラディカル・フェミニストの理論家であるシュラミス・ファイアストーンは、人工子宮による赤ん坊の養育を提唱した。再生産の関係において従属的地位におかれた女性を解放する方法として、である。[*12] 当時は空想的にすぎたが、そうしたテクノロジーはいまや現実と化しつつある。日本の科学者たちは、人工子宮でヤギを誕生させ、一〇日にわたり人間の胎芽を育てることに成功した。[訳註] このテクノロジーを人間の赤ん坊に応用する実験は、いまのところ科学による制約のみならず、法によっても制約されている。たとえば、日本では、人間の胚種を人工的に一四週間以上育てることを禁止している。[*13] 多数の女性が、そうした見通しを不快に感じ、子どもを産み育てる経験を望んでいる。しかし、そうした義務から解放されることを好む人たちもたくさんいることは、まちがいない。

本書の大部分は、自動化にかんする楽天主義者の前提、すなわち、数十年もしないあいだに、わたしたちは『スター・トレック』の世界に生きているという前提を共有している。そこは、ケヴィン・ドラムが『マザージョーンズ』誌でいうように、「ロボットが人間のなすことすべてをおこなうことができ、ロボットはそれを不平もいわずに一日二四時間遂行する」ような、そして「日常的な消費財の稀少性は過去のものとなっている」ような世界である。[*14] こうした主張は、誇張にみえるかもしれない。しかし、本書の

訳注　ここでの記述には補足が必要である。「日本の科学者たちは、人工子宮でヤギを誕生させ」とあるのは、合成羊水を満たした容器のなかでヤギの胎児を育てるのに成功した順天堂大学桑原慶紀教授の研究チームによる二〇〇二年の事例であろうか。「一〇日にわたり人間の胎芽を育てるのに成功した」のは、コーネル大学の Dr. Helen Hung-Ching Liu によるものではないか。これらについては、注であげられたテキスト、Soraya Chemaly, "What Do Artificial Wombs Mean for Women?" Rewire. news, February 23, 2012. で確認できる。ちなみに、本書が公刊された年の翌年の二〇一七年には、オーストラリアと日本の研究グループが、人工子宮に入れた羊の早産児の生命と健康を維持しながら、「出産」に成功している。これについては GIZMODO 日本版の記事「人工子宮の技術がどんどん進化している」（https://www.gizmodo.jp/2019/04/artificial-wombs-are-getting-better.html）を参照せよ。

目的にとってはよいのである。わたしのアプローチは、慎重に誇張することであって、単純化された理念型を作成しながら根本的な諸原理を描写する、というものだ。必ずやあらゆることがロボットによっておこなわれるかどうかは重要ではない。人間が現在おこなっている労働の大部分がいま自動化される過程にあるということだけが、ここでは重要なのだ。

　しかし、自動化がどのような速度で進行するのか、どのようなプロセスがそうした自動化を可能にするのかにかんしては、多数の議論が依然としてある。それゆえこの過程のありうる社会的帰結に立ち入るまえに、いわゆる「第二次機械時代」における近年の急激な発展のいくつかをここで素描してみたい。これは第一次機械時代における大工業による自動化のつぎの段階——あるいはたんなる延長にすぎないという意見もある——である。

機械仕掛けの惑星の恐怖

広範囲に及ぶ自動化の予測や危惧に対する異論は、おおまかに三つのカテゴリーに分類される。一つめは、あたらしいテクノロジーの報告は過度に誇張されすぎていて、人間労働がほとんどの領域で置き換えられるには長い時間がかかるとする見解。二つめは、主流派経済学の伝統的な議論に拠る見解。すなわち、これまでにも急速な生産性の上昇をみた事例もあるが、けっして大規模な失業をもたらしたわけではない。むしろ、あたらしい職種とあたらしい雇用を生みだしたのだ。今回もそれとおなじである、とする見解。三つめは、左派のなかにある見解。すなわち未来の自動化のシナリオに過剰に注目することは政府による投資や景気刺激策、賃金上昇や労働条件の改善といったもっとさしせまった政治課題から目をそらすものであるとする見解。

労働の終焉にかんする諸レポート——誇張されすぎなのか?

テクノロジーが過大に評価されていると考える人びとは、たいてい公表された生産性の伸びにかんする統計に依拠している。ロボットや機械装置の大規模な導入は、労働生産性を測定する統計上では——つまり労働者一人あたりのアウトプットの総量としては——急速な上昇としてあらわれるはずだ。ところが実際には、近年の生産性の伸びは相対的に低率なのである。労働省労働統計局のレポートによれば、米国では二〇〇七年から二〇一四年にかけて、年間変動率はたったの一・四パーセントにすぎなかった。このペースは一九七〇年代以降どの時代よりも低く、高度成長期の半分である。

このため、ロボット工学やコンピューター処理における大いなるブレイクスルーの事例ばかり並び立てるやり方による説明も、実際には経済効果とむすびついていないため、誤解を招くと主張するむきもある。経済学者のタイラー・コーエンとロバート・ゴードンは、この見解にもっとも近い。[*15]『レフト・ビジネス・オブザーバー』誌のダグ・ヘンウッドも、左派の立場から同様の議論をおこなっている。[*16]

コーエンやゴードンのようなより保守的な経済学者たちにとって、問題は主に、技術的なものだ。あたらしいテクノロジーは、電気や内燃機関のようなブレイクスルーと比較すると、すくなくとも経済学的観点からは、たいしたものではない。コーエンのタームでいえば、われわれは「低いところにぶらさがった果実［安直な成果］(low-hanging fruit)」を摘んでいるのであり、もっと大きいブレクスルーをみいださないかぎり、当面は低成長に甘んじる定めにある。

ヘンウッドやアメリカ経済政策研究センターのディーン・ベイカー（Dean Baker）のような左派の批評家たちは、問題をテクノロジーではなく、政策のうちにみいだしている。かれらにとって、二〇〇八年のリセッション以後の経済回復の弱さを自動化のせいにするのは、真の争点から目を逸らせるものである。この場合、真の争点とは、政府による政策が財政出動と雇用創出を重視してこなかったこと、それゆえ完全雇用の達成を妨げてきたことにある。ロボットに対する懸念は、この観点からすれば、事実に反しており（生産性の伸びは低いのだから）、政治的には反動なのである。

しかし、ブリニョルフソンとマカフィーをはじめとする人びとは、たとえ根本的なブレイクスルーが起こらないにしても、すでに起きているブレイクスルーを洗練させ再結合させることからえられるものは多いと主張している。これは歴史的によくみられるパターンである。たとえば大恐慌のあいだに発見された多くの新技術は、戦後の好景気まで経済的に十分活用されなかった。さらにGDPに数値として反映されない変化であっても、わたしたちの社会的豊かさに貢献することもある。たとえば、インターネット上で無償かつ迅速に入手できる莫大な量の情報は、本書の執筆における効率を大いに高めてくれている。

自動化の語りに対する左派による批判に対しても、もっと複雑な回答を与えることができる。つまり、かれらの分析は狭い範囲ではただしいが、十分に先を見通してはいない。なぜなら、近年の生産性のトレンドは、経済の短期的な均衡と長期のポテンシャルのあいだの独特の緊張の反映であるとも解釈できるからである。

二一世紀の最初の二つのリセッションには、賃金の停滞と高い失業を特徴とする弱い回復がつづいている。このような状況においては、失業者と低賃金労働者が大量に存在することが雇用者の自動化への意欲を削ぐ要因となっている。要するに、労働者のほうが安価なのにどうしてロボットに置き換えなければならないのか、というわけだ。しかしこの論理を延長させれば、賃金が上昇し、労働市場が逼迫しはじめたなら、雇用者たちは、追加的な労働コストを支払うよりは、現在開発中の新技術に手を出しはじめるであろうことが予想できる。つづく節で論じるように、売り手優位の労働市場への真の阻害物は、現在のところ、技術的なものではなく、政治的なものである。

自動化の永遠回帰

主流の経済学者は何世紀にもわたって自動化が労働にもたらす危険性についておなじ主張をくり返してきた。いくつかの仕事が自動化されたとしても、労働者はそれとは別の、おそらくもっとよい種類の仕事に移ればよいのだ、と。かれらが指摘するのは、かつては労働人口の大変を占めていた農業が、米国のような場所では現在二パーセントしか占めていない点だ。農業における雇用の減少によって解き放たれた労働者は、工場へと移動し、二〇世紀中盤の大いなる工場生産経済をつくりだした。そして、それにつづいてやってきた［工業の］自動化と製造業の海外移転も、サービス部門の活況をもたらした。

なぜこんどはそれとはちがうのか？　ロボットがたとえ職業を奪ったとしても、別の仕事があらわれるのは確実ではあるまいか。この立場を支持する人たちは、これまでもあった自動化への不安の高まりを例にあげることもできるだろう。たとえば、すこし前にその不安の高まった一九九〇年代には、ジェレミー・リフキンの『仕事の終焉（*The End of Work*）』［日本語版の題名は『大失業時代』］やスタンリー・アロノヴィッツとビル・デファジオの『仕事なき未来（*The Jobless Future*）』のような著作があらわれている。[*17] はやくも一九四八年には、数学者でサイバネティクスの提唱者であるノーバート・ウィナーが、その著作『サイバネティクス』でつぎのように警告していた。「第二のサイバネティクな産業革命において、ふつうあるいはそれ以下の能力しかもたない世間一般の人間は、だれかが買いたくなるような売りものをいっさいもたぬ[*18]」、そのような社会に近づいていく、と。たしかに、多くの仕事が実際に自動化によって奪われ、失業率は景気循環とともに上下した。ところが、いっぽうで、これらの多数の人びとが予想した途方もない大量失業は起きなかった。

もちろん、このような議論は学術的な高みからしかなしえないものだ。職を失った労働者が最終的にあたらしい仕事をみつけられるかどうかは別として、その労働者たちが被る痛手や生活の混乱は無視されているのだから。ところが、主流派経済学者のなかにも今度ばかりはちがうという人たちもいる。ノーベル賞受賞者でニューヨークタイムズ紙のコラムニストであるポール・クルーグマンはこうした疑念を口にする最も著名な人物であろう[*19]。しかしながら、従来の分析のはらむもっと深刻な問題は、この過程を科学的に不可避のものであるとみなし、それが実際には社会的・政治的選択であることをみていない点にある。

今日、ほとんどの労働者の闘争が、賃金や手当の引き上げないし労働条件の改善を争点としている。しかし一九三〇年代の大恐慌の時代まで、ソーシャリストも労働運動も、労働時間の削減をも目標とし、そして勝利してきた。一九世紀には一日一〇時間労働が目標だったが、この時代には一日八時間労働が目標となった。一九三〇年代においてすら、アメリカ労働総同盟は、週三〇時間にまで労働時間を短縮する法を支持していた。ところが第二次大戦後、さまざまな理由から、労働時間の短縮は徐々に労働運動の争点から消えていった。週四〇時間（あるいはそれ以上の）労働が自明視され、問題はそのうえでいかに手当てを充実させるかに変容していったのである。

このような事態は経済学者ジョン・メイナード・ケインズを驚嘆させたであろう。かれは一九三〇年代に、「二〇〇年後の」わたしたちが生きる時代の労働時間は週一五時間となっていると予測したのだから。これはいまだ標準と広く考えられている週四〇時間のおよそ三分の一以下である。それでもケインズの時代以来、生産性は三倍以上に上昇しているのであり、この成長を人びとにとっての自由時間の形態で配分することも可能であったはずである。しかしそうならなかった。技術的に不可能だったからではない。それは二〇世紀の政治的選択と社会的闘争の帰結なのである。

わたしたちが長時間労働を維持することには理由があるのだ、と論じるむきもある。いわく、長時間労働が必要なのは、ケインズが想像すらできなかった現代世界のさまざまな罠《トラッピング》、すなわちスマホ、フラットスクリーンのTV、インターネットなどのせいである、と。労働時間を短縮してしまえば、こんな先進資本主義社会のトラッピングのどれかを手放さなきゃならない、だからだろ、というわけだ。

労働時間の短縮がどの程度かにはよるにしても、この意見はある程度はただしい。しかし、労働時間の短縮によって、生活コストもまた削減できるはずである。というのも、さもなくば他人にお金を支払ってやってもらっていることも、じぶんでできる時間を確保できるからだ。それに仕事のためにのみ支払っている交通費も節約できるはずだ。さらに、わたしたちのこの社会は、人間の繁栄になにも寄与することのない、だれかの収支決算を高めるためだけに存在する仕事であふれている。たとえば、学生ローンの取り立て（これはもし教育費が無償であったら存在しないはずのものである）とか、リスキーで不安定な投機を促進する大銀行の数々の役職である。

いずれにせよ、もしこの社会が労働時間の縮減を優先課題とするならば、生産性の上昇に即して労働時間を徐々に短縮させることで、同程度の生活水準を享受しながら、徐々に仕事の拘束から身をほどくことができるはずだ。もちろん、もっと財を蓄積するために働きたい人間もいるだろうが、おそらくそれ以外の多数はそんなことは望まないだろう。もしわたしたちが純粋なポストワークのユートピアにたどりつけないとしても、確実にそこに接近することはできる。四〇時間から三〇時間への週労働時間の短縮が、この方向にわたしたちを動かしていくことだろう。普遍的ベーシック・インカムも、仕事があろうがなかろうが、従来の福祉政策によるあれこれの保障があろうがなかろうが、あらゆる市民に最低限の支払いを保証することで、おなじように作用するであろう。

気晴らしのテクノロジーとしてのテクノフィリア

長期的には自動化のもたらす政治問題や可能性が現実味をもっていると認めたとしても、短期的にはもっと重大な課題に直面しているという主張は十分にありうる。先述したように、経済運営に実際に必要な労働者数の指標となる生産性の伸びは、近年、かなり低迷している。さらに、最近のリセッション以降に雇用の増大がおきない原因は、ロボットではなく、政府の政策の失敗にみることもできる。

なぜならば、短期的にみるならば、雇用不足の要因は、自動化ではなく、経済学のジャーゴンでいう有効需要の不足におくこともできるからである。いいかえれば、雇用者がより多くの労働者を雇用しない理由は、その生産物を購買するに十分な人間がいないから、人びとがその生産物を購入しない理由は、かれらが十分なお金をもっていないから、要するに、仕事がないか賃金があまりに低すぎるからなのである。

この状況への解決策は、伝統的なケインズ派の経済理論に即するならば、金融政策（金利の引き下げ）、財政政策（インフラ整備などによる雇用創出への政府投資）、規制（最低賃金の引き上げ）を組み合わせ、需要を拡大させることにある。グレート・リセッション［二〇〇〇年代後半から二〇一〇年代初頭までに世界市場で観察された大規模な経済的衰退の時期を指す］以後、政府は、金利を引き下げながらも、それを雇用創出への十分な投資と組み合わせなかった。そのため、生産高、つまり財やサービスの生産量は徐々にふたたび伸びはじめたが、雇用はリセッション前の水準に戻らなかった。いわゆる「雇用なき回復」である。

わたしは、伝統的なケインズ主義的救済策がいまだ重要であり必要であることに異論はない。政治的中道派や右派が、ときにロボット支配の未来という妖怪を利用して、大量失業や不完全雇用という短期的問題から目を逸らせんとしている事態への憂慮も共有するものである。

しかしわたしは、より高度に自動化された未来がわたしたちすべてにとってなにを意味しうるのかを考察することは、それでも意義があると考えている。その理由のひとつは、懐疑論者とは反対に、たとえ生産性の統計に反映されるような仕方で経済に浸透していないにしても、さらなる省力化技術の可能性は急速に発展しているようにおもわれるからだ。そしてもうひとつ、緊縮経済と政府による景気刺激策の不足という短期の障害が除去されたとしても、それでも産業革命以来の政治的問題に直面することになるからだ。つまりあたらしい生産のテクノロジーが、わたしたち万人により大きな自由をもたらすのか、それとも、生産性の上昇によって少数のみが富み、残りが長時間労働に縛られるそんなサイクルに留まりつづけるのか、という問題である。

気候危機という妖怪

これまで、わたしは冒頭にあげたいくつかの試練のうちのひとつ、つまり労働者を不要なものにするテクノロジーのもたらす脅威のみを論じてきた。しかし二番目の生態学的危機は、資本主義の未来と人類の未来にとって、すくなくともおなじぐらい重要である。気候変動にかんする科学的コンセンサスははっきりしている。人間による二酸化炭素排出が大気圏を温暖化させ、気温上昇、異常気象、水やそれ以外の基礎資源の不足をもたらしている。見解の相違があるとすれば、その影響がどれほど深刻なものか、人間の文明にとってどれほど破壊的か、そしてこうした破壊に人間はどれほど適応できるか（あるいはそもそも適応できるのか）をめぐるものである。

多数の読者が、はたして議論はその次元のみにとどまるのかといぶかしく感じておられるだろう。というのも人間に起因する気候変動の存在をいっさい否定する人びともいるからである。こうした人びとはたしかに存在している。資金豊富な諸企業がかれらを支援しているし、主要政党のなかにもそうした人びとがいて存在感を発揮している。だがこのような人びとの主張を科学的にまじめに扱うのはまちがいである。気候変動否定論を提唱する物書きや科学者たちの周縁的少数派には、真理をまじめに追求している者もそうでない者もいるだろう。だが、かれらへの資金提供者は真理などどうでもよいのであって、その行動は別の思惑によって促されている。

のちの章でみるように、気候変動をめぐる問題の核心は、気候変動が本当に起きているかどうかではなく、この変動をだれが生き延びるかにある。最悪のシナリオにおいてすら、地球が完全に居住不可能になると論じている科学者はいない。起こりうる事態——そしていま起きている事態——は空間や資源をめぐる闘争が、居住環境の劣化にともなって激化するだろうということである。このような文脈で——そしてとりわけ先述した技術的トレンドとあいまって——少数のエリートが地球を汚染しつづけながら、みずからは安楽な生活を保持し、大多数の人びとを悲惨な状況に追いやることもありうるのである。大物経営者たちが、気候科学にまじめにとりあうことなく気候変動の否定論にむかうのは、このような意図があるからである。

とはいえ、すべての資本家が否定論にかたむいているわけではない。気候変動の深刻さを認識しながら、にもかかわらず、自由市場の働きこそ解決を与えてくれると主張する者もいる。これはまったくバカげているわけではないが、きわめて危《ミスリーディング》ういものだ。意識の高いエコ・キャピタリストたちも、つまるところ否定論者たちと大きく異なるわけではないことはあきらかなのだ。

起業家たちがあたらしいグリーン・テクノロジーをみいだし、政府の介入なしに化石燃料からの脱却を可能にしてくれるといわれている。しかし多くの場合、こうした技術革新には、富裕層にのみアクセス可能なハイテクの解決策《グリーン・ソリューション》がつきものである。それと同時に、炭素排出への課税の例におけるように、それが建前上は「市場」による解決策であったとしても、真にグローバルな解決策は退けられている。そのかわり、エコ・キャピタリストたちを興奮させる構想は、その効果が不確実で副作用も未知数であるにもかかわらず、気候を操作しようとする空想的な「地球工学」プロジェクトである。コーク兄弟［巨大な非公開同族企業のコーク・インダストリーズを所有し、アメリカ保守勢力の主要な支援者である米国の一族］や同類の気候変動否定論者たちのように、エコ・キャピタリストたちがなによりも関心を寄せているのは、エリートの特権やライフスタイルの死守である。たとえかれらがこの問題にかんしてかなりの環境保護的姿勢をみせかけたとしてもそうなのだ。この問題については第四章で戻ってきたい。

ここで、本書の目標に立ち返ろう。

政治における主導権

自動化やポストワークの未来について、これ以上あらためて本なんて書く必要があるの？　こう読者は問いたくなるかもしれない。ともかく、このトピックは近年、一個の下位ジャンルそのものと化してきた。ブリニョルフソンとマカフィーはほんの一例にすぎない。それ以外にも、先述したマーティン・フォードの『ロボットの脅威』や『ジ・アトランティック』誌のデレク・トンプソンによるあれこれの記事、『スレート』誌のファルハド・マンジュー、『マザージョーンズ』誌のケヴィン・ドラムらがいる。[*20]かれらはいずれもテクノロジーは仕事を急速に時代遅れのものにしていると主張しているのだが、テクノロジーがもたらすのは不平等の拡大ではなく繁栄の共有であるということを裏づけようとする段にいたって、みな空回りしている。せいぜい、ブリニョルフソンやマカフィーと同様、起業精神と教育があれば、現在の仕事がすべて自動化されても、われわれ全員が繁栄できるという、おなじみのリベラルの決まり文句を並べ立てるだけだ。

こうした説明からはすべて欠落している論点がひとつある。わたしがこの論争のなかに注入したいその論点とは、政治、とりわけ階級闘争である。ルーズヴェルト・インスティテュートのマイク・コンチャルが指摘するように、こうしたポストワークの未来予測は、おぼろげなテクノクラート的ユートピアにむかう傾向がある。つまり「過去のケインズ主義＝フォーディズムの将来への投影」であって、その投影のなかでは「繁栄が再分配をもたらし再分配が娯楽と公共財をもたらす」ことになっている。*21 なるほど移行期には相応の困難はあるだろう。だが、わたしたちは最終的にはテクノロジーの発展の加速とうまく調和するはずだ。そしてあらゆる可能世界のなかの最善の世界にあって、すべて順調なり。とまあ、こういった具合だ。

このような見立てては、わたしたちのこの社会の中核をなす特徴を無視している。すなわち資本家階級と所有関係である。自動化からだれが得をしだれが損をするかは、つまるところ、ロボットそのものではなく、だれがロボットを所有するかということの結果なのである。それゆえ生態学的危機の深化と自動化の展開を、その両者がともにそれに媒介されるところの三番目の危機、すなわち資本主義経済の危機を理解することなしに認識することは不可能なのだ。なぜなら、気候危機も自動化も単独の孤立した問題（ないし解決策）として捉えたのでは理解不能だからだ。むしろ危険であるのは、利潤と成長の最大化に奉仕する経済、貨幣と権力がごく少数のエリートの手に握られているある経済の枠内で、それらの問題があらわれる、その仕方である。

現代における富と収入の不平等の拡大は、活動家や政治家、識者によってますます注目の的になっている。〈ウォールストリートを占拠せよ〉は「わたしたちは九九パーセントである」というスローガンを掲げ、ここ数十年の経済成長の果実のほとんどすべてが一パーセントないしそれ以下の人びとのふところに転がり込んでいる事実に照明を当てた。経済学者トマス・ピケティによる富の歴史と不平等の拡大する世界の予測をめぐる大著『二一世紀の資本』は、信じがたいほどのベストセラーとなった。[*22]

ここまで述べてきた二つの危機は根本的に不平等にもかかわっている。だれが生態学的ダメージのコストを負担し、だれが高度に生産的な自動化された経済の恩恵を享受するのかという問いにかかわる問題、つまり稀少性と豊かさの配分にかかわる問題なのである。人類が地球の気候に与える影響に対処する方法はあるし、自動化を貧困と絶望ではなく、すべての人びとに物質的繁栄をもたらすようにする方法もある。しかし、このような未来の可能性は、二〇世紀終わりに世界を支配するようになった経済システムとはまったく異なる経済システムを必要とするだろう。

四つの未来

ロサンジェルスの表象にかんする映画で、三時間の考察にもなっている『ロサンジェルスがみずからを演じる（*Los Angeles Plays Itself*）』［二〇〇三年のビデオエッセイ。ビデオクリップとナレーションから構成されている］において、映画研究者のトム・アンダーセンは、つぎのように述べている。「もしドキュメンタリーをそのドラマ的要素によって評価できるとするならば、おそらくフィクション映画をそのドキュメンタリー的啓発力によって評価することもできるだろう」[*23]。本書は、この洞察を取り込む試みである。

本書は通常のノンフィクションの著作とはいささか毛色が異なっている。しかし、フィクションというわけでもないし「未来学」のジャンルに属しているわけでもない。むしろ、本書は、スペキュレイティヴ・フィクションのツールと社会科学《ソーシャル・サイエンス》のツールを結合させながら、未来の政治的対立《コンフリクト》がそこで展開する可能性の空間を探求したいのである。これを、ある種の「ソーシャル・サイエンス・フィクション」と呼んでみよう。

社会科学をサイエンス・フィクションから分かつ点のひとつは、社会科学はあるがままの世界の記述にかかわるもので、サイエンス・フィクションはあるかもしれない世界について思弁をめぐらすというところにある。しかし実際には、両者ともに、想像力と経験的探求の混合物であって、それらの要素を異なる方法で提示するものなのである。両者ともに、経験的事実や生きられた経験を、抽象的で直接には知覚できない構造的諸力によって形成されるものとして理解しようと努めているのだ。

スペキュレイティヴ・フィクションのなかでも、社会構造や政治経済のディテールの記述に、あるタイプのものはむいており、あるタイプのものはあまりむいていないということもある。『スター・ウォーズ』をみて、だれも銀河系の政治経済を真剣に考えることはない。ジョージ・ルーカスが悪評高い『スター・ウォーズ』の前日譚を映画化したさいにやったように、作者がそれを具体化しようとしても、ストーリーを台無しにするだけに終わる。それに対し、『スター・トレック』のような世界では、こうしたディテールが重要である。『スター・ウォーズ』と『スター・トレック』は、表面的には宇宙旅行と活劇という点で似たような話にみえるかもしれない。だとしても、根本的に異なるタイプのフィクションなのである。『スター・ウォーズ』はすべてが、キャラクターと神話的語り《ナラティヴ》のためにのみ捧げられている。それに対し『スター・トレック』では、豊かで論理的に構築された社会のうちで登場人物を動かそうとしている。

このことは、「ハード」なSFと「ソフト」なSFという、SFファンのあいだではおなじみの区別に関係しているわけだが、同時に、その区別を越えるものでもある。現代科学を基盤としながら、構築された世界をよりリアルなものにしようとするのが「ハード」SFとされている。しかし、この区別は、このジャンルの伝統的なファン層と「そのジャンルのもつ」自然科学の物神化というバイアスを反映している。すでに述べたように、もっと重要な区別は、ストーリーが登場人物たちの背景世界の構築を重視しているか否かにある。いわゆるソフトSFは、『スター・ウォーズ』流の冒険譚にとどまる場合もあれば、社会科学をふんだんに利用する場合もある。それに対して、「よりハード」とされている作品の多くが、素朴ないし陳腐きわまりない社会関係や人間行動の理解に物理学の詳細にわたる注釈をくっつけることでその世界を構築している。ケン・マクラウド[訳注]のフォール・レヴォリューション・シリーズは、政治的騒乱と宇宙の植民地化の物語だが、我流のマルクス政治経済学と一九七〇年代のスコットランド社会主義運動への関与という個人的経歴に根ざしている。かれの小説に「ハードネス」を付与しているのは、宇宙旅行や火星のテラフォーミングにかかわる物理学への洞察というよりは、この独特の背景である。

社会分析や批判のツールとしてのスペキュレイティヴ・フィクションはすくなくと

もH・G・ウェルズの『タイムマシン』にまでさかのぼる——メアリ・シェリーの『フランケンシュタイン』とまではいかないまでも——が、この分野は近年とりわけ活気をみせている。ポピュラー・カルチャーのなかでは『ハンガー・ゲーム』〔本書第四章の訳注を参照（一九三頁）〕や『ダイバージェント』のようなディストピア的ヤングアダルト小説が大成功をおさめていることでもわかる。しかし、このような物語が、まさにこの現在の階級社会をかなりストレートに反映した寓話《アレゴリー》であるのに対し、境界線を押し広げながら、現在の趨勢のはらむ長期的意味合いを思考《スペキュレート》している人びともあきらかにいる。実現した現実《アクチュアル》と潜在性《ポテンシャル》との相互作用《インターフェース》は、現在よりすこしばかり先に物語の舞台を設定するような作家たちの近未来小説のうちに最も強力にあらわれている。たとえばウィリアム・ギブスンの初期二一世紀シリーズの一連の小説（『パターン・レコグニション』『スプーク・カントリー』『ゼロ・ヒストリー』）やコリイ・ドクトロウの『ホームラン

訳注　ケン・マクラウド（Ken MacLeod）（1954-）。スコットランドのSF作家。翻訳に『ニュートンズ・ウェイク』（嶋田洋一訳、ハヤカワSF文庫、二〇〇六年）がある。フォール・レヴォリューション・シリーズとは、人類による太陽系をめぐる数世紀にわたるスペースオペラ四部作。

ド（*Homeland*）』（そして近刊予定の『ウォークアウェイ（*Walkaway*）』〔二〇一七年に公刊されている〕）などである。情報テクノロジー、自動化、監視、生態学的破壊――本書を通して共鳴しているテーマ――の重要性は、こうした小説のうちにいくどもみいだせる。

さまざまに想像された世界の政治的ふくみもまた、表面化しはじめてきた。チャールズ・ストロス〔第四章でふたたび登場する〕は、ソーシャル・サイエンス・フィクションの作家であると同時に、より社会科学的色彩の濃いブロガーでもある。かれはとくに人気のある「スチームパンク」のサブジャンルに批判的である。いわく、「スチームパンク」が提示しているのは、飛行船やもろもろの蒸気機関で動く装置にあふれた理想化された一九世紀であるが、この時代の中心をなす社会的諸関係、要するに、労働者階級のディケンズ的貧窮や植民地主義の恐怖にはふれようとしない、と。いっぽう、ストロスは、ケン・マクラウドやチャイナ・ミエヴィル（Chaina Miéville）のような人びととおなじく、フィクションを活用して、未来や過去、オルタナティヴな世界に、階級や社会的対立を視野に入れた、より包括的ヴィジョンを与えようとしている。

フィクション上の未来は、わたしの見方では、直接に未来を予測しようとする「未来学」のもろもろの著作より好ましい。「未来学」は本質的な不確実性や偶発性《コンティンジェンシー》をみえなくし、それによって読者を無力化してしまうのだ。本書で議論する諸領域に限定するなら、典型的な未来学者といえばレイ・カーツワイルのような人物である。かれは自信たっぷりに、二〇四九年までにコンピューターが人間と同程度の知性を獲得し、それによって世界をすみずみまで変えてしまうと予言している。*24 こうした予測はたいてい、予言としては説得力の欠けるもの、フィクションとしては中途半端なものに終わる。サイエンス・フィクションと未来学の関係は、社会理論と陰謀理論との関係に等しい。つまり、「前者は後者よりも」はるかに豊かで、誠実で、より慎ましい企てなのである。言い方を変えるならば、個別から一般を（社会理論）あるいは一般から個別を（サイエンス・フィクション）導出しようとする説明は、一般から一般へ（未来学）あるいは個別から個別へ（陰謀論）移行しようとする説明よりも、いつだって読んでいておもしろい。

二〇世紀はじめの偉大なソーシャリストの理論家で組織者であったローザ・ルクセンブルグには有名なスローガンがある。「ブルジョア社会は岐路に立っている……社会主義への移行か、野蛮への退行か」。*25 この一節はいま、かつてなく真実である。本書で、わたしは、二つではなく四つのありうる展望を提示してみたい。お望みならば、二つのソーシャリズムと二つの野蛮といってもいい。以下の四つの章は、マックス・ヴェーバーのいう「理念型」ともみなしうる。すなわち、社会がどのように組織化されるかの単純化された純粋なモデルである。それは今日わたしたちの直面する、そして将来直面するであろう、いくつかの中核的争点をあかるみにだしてくれるはずだ。それはいくぶんか社会科学であり、いくぶんかはサイエンス・フィクションである。むろん、現実の生活はつねにはるかに複雑である。だが理念型の目的は、特定の争点に焦点を合わせ、それ以外を脇におくという点にある。

わたしたちのこの現在の理解を深化させ、ありうる未来の展望を様式化された形態でマッピングすること。これが目標である。自動化の上昇にむかうトレンドは経済のあらゆる領域で継続しつづける。これが基本的想定だ。もっといえば、わたしは二〇世紀にほとんどの経済学者がもったような発想は共有していない。つまり、機械化によっていくつかの仕事が消えていったとしても、市場は自動的にその喪失を補填するだけのあたな仕事を生みだすだろうなどという発想は退けている。

理念型で考察することの利点を生かすならば、ここでもっとも強力な仮説を提示することもできよう。すなわち、生産過程における人間労働すべての根絶は可能である、機械がすべての労働をおこないわたしたちは純粋な自由時間を生きることは可能である、と。現実には、このような事態は、たとえ映画『マトリックス』の反対の世界、機械が人間を管理するのではなく人間に奉仕する世界を想定したとしても、論理的にはありえない。というのも、すくなくとも機械を動かし補修する人間は必要だからだ。

しかし、わたしはすべての人間労働が消滅しうると仮定したい。産業革命以来、左派を悩ませてきた論争に深入りするのを避けるためである。その論争とは、生産手段の統制をおこなうお偉方《ボス》たちのいないなかで、ポスト資本主義社会は、どのように労働や生産を管理するのかという論争である。これは重要な（そして継続中の）論争であるが、それをひとまず脇におくことができれば、わたしの問題意識はより明確になるだろう。それゆえ、技術革新が完全なる自動化にむかうということは、わたしの方程式における定数なのである。

自動化が定数ならば、生態学的危機と階級権力は変数である。生態学的危機は多かれ少なかれ、気候変動や資源枯渇のもたらす悪影響の度合いにかかわっている。最良のシナリオは、再生エネルギーへの転換と、気候変動の改善に資しその趨勢を押し返すことのできるあたらしい方法とがむすびつき、ロボット・テクノロジーを利用して万人に高水準の生活を供与することが可能になるというものである。いいかえればスペクトラムは稀少性（scarcirty）から豊かさ［豊穣性］（abundance）にまたがっている。

階級権力という問題は、つまるところ今日の世界における富、収入、政治権力の巨大な不平等と対決することに帰着する。富裕層がみずからの権力を保持できるかぎりで、この世界は、かれらが自動化された生産からの利得を享受し、残りの人間は生態学的破壊のコストを支払う、そのようなものとなろう——そもそも、わたしたちが生き残ることができればの話だが。より平等な世界に移行できるならば、そのかぎりで、未来は犠牲の共有と繁栄の共有の組み合わせによって特徴づけられることになろう。それ「その組み合わせのありかた」は、わたしたちが、生態学的危機のどの局面にあるかしだいである。

わたしたちのむから将来の可能性は、ヒエラルキーか平等かという軸に、稀少性か豊かさかの軸の交錯する世界である。以下のモデルはそれを示唆するものだ。そこでは、二つの軸にしたがって、四つの可能な組み合わせができる。

このような試みがこれまでになかったわけではない。『ザ・フューチャリスト』誌のロバート・コンスタンツァによる一九九九年の記事に、おなじような類型論をみることができる。[*26] そこには、四つのシナリオが存在する。『スター・トレック』、大きな政府、『エ

	豊かさ	稀少性
平等	コミュニズム	ソーシャリズム
ヒエラルキー	レンティズム	エクスターミニズム

コトピア』、『マッドマックス』だ。とはいえ、コンスタンツァにおいては、二つの軸はそれぞれ「世界観と政策」そして「世界の実状（the real state of the world）」である。それゆえ四つの欄は、イデオロギー的傾向が現実に即しているかによって定まる。つまり「大きな政府」のシナリオの場合、「テクノロジー懐疑論」からすれば、無際限の資源「大きな政府のシナリオの条件のひとつである」は現実にはありえないため、安全基準によって進歩は制約されるといった具合である。

この議論に、わたしは資本主義と政治の意義を強調することで寄与したい。生態学的限界の可能性と階級社会の政治的制約はともに、わたしの見方においては「物質的」制約条件である。そしてそれらのあいだの相互作用が、未来への経路を規定するはずだ。

それゆえ、本書を支配する中核的テーマであるのは、（いかなる可能な未来にあってもみずからの地位を死守しようとする支配エリートをともなった）階級権力のシステムとしての資本主義の存在である。高度に自動化したポスト工業経済を予測する試みのほとんどに欠落しているのはこれだ。技術的発展は社会的変容にとってのひとつの条件ではあるが、とはいってもそれをけっして直接に規定しているわけではない。変化はつねに組織化された人間集団間の権力闘争によって媒介されている。問題はだれが勝ってだれが負けるかであり、コンスタンツァのごときテクノクラート的な著述家のいうような、だれが世界の客観的性格にかんして「正確な」認識をもっているかではないのである。

それゆえわたしにとって、複数の未来の素描は、政治的なものと偶発的なものに余地を残すという試みなのだ。外部からあらわれる技術的・生態学的要因の魔術のような作用によって、唯一の未来が自動的に定まる、といいたいわけではない。わたしたちの未来は政治的闘争の結果しだいだ、といいたいのである。サイエンス・フィクションと政治の交錯は、近年では、リバタリアン右派とその決定論的なテクノユートピア的幻想にしばしばむすびついてきた。それに対して、わたしは、想像力に富んだ思弁と政治経済とをむすびあわせる長い左翼的伝統を取り戻したいのだ。

分析全体の出発点は、資本主義は終焉にむかいつつあるということ、そして、ローザ・

ルクセンブルクのいったように、それは「社会主義（ソーシャリズム）への移行か、野蛮への退行か」であるということ、[*27] これである。したがってこの思考実験を通して、複数のソーシャリズムと複数の野蛮を描写することになる。再生した〈左翼〉がうまくやるなら到達できるかもしれないのが複数のソーシャリズム、さもなくば行き着く先は複数の野蛮である。

だからといって、資本主義の終焉の日程を予言しようとする世俗的終末論に関与するつもりはない。予言を外したソーシャリストや黙示録の説教師の数たるや、無惨なものだし、いずれにしてもはっきりとした終末のイメージは単純すぎる。「資本主義」や「社会主義」のような社会システムにあてがわれたラベルは抽象である。したがって、ここでどちらかからどちらかに転換するといったような瞬間はありえないのである。わたしの見解は、ウォルフガング・シュトレークのものに近い。

わたしが資本主義の終焉――わたしはすでにその渦中にあると考えているが――にもつイメージは、実行可能なオルタナティヴの不在とはかかわりなくみずからの内的原因から、長期にわたって荒廃をふかめていく社会システムといったものである。

資本主義がいつどのようにして消滅するか、そのあとになにがくるのかを知ることはできないが、問題なのは、経済成長、社会的平等、金融的安定性の三つの下降傾向を反転させ、その相互強化のプロセスの根を断ち切ることを期待できるいかなる勢力も見当たらないことである。*28

以下の四つの章では、四つの未来を一章ごとに論じていく。すなわち、コミュニズム、レンティズム、ソーシャリズム、エクスターミニズム〔絶滅主義〕である。ありうべき未来を素描することにくわえて、四つの章のいずれにおいても、いまある世界にとって重要な意義をもち、個々の未来において特別な重要性をもつであろう中核的テーマを焦点化する。

コミュニズムにかんする章は、賃労働を中心に生活が組織されていないようなとき、どのような意味をわたしたちが構築するのか、資本主義という支配的語り《マスター・ナラティヴ》によってもはや構造化されていない世界でも、どのようなヒエラルキーや対立がありうるのかを考察する。レンティズムの章では、主として知的財産〔所有〕権についての考察をおこなう。現在の文化や経済を主導している非物質的パターンやコンセプトにも私的所有形態がますます適用されていくとき、なにが起きるのか、それを考える。ソーシャリズムの章では、気候危機やそれにどう適応するかを考察する。それにくわえて、〈自然〉や〈市場〉にかんする古い左派の発想の枠組みがわたしたちの認識の障害となっている、そのありかたについても考察をめぐらせる。つまり、自然世界を物神化しても市場を嫌悪しても、資本主義を越え生態学的に安定した世界を構築する試みには必ずしも十分ではないこと、あるいはなんの重要な意味ももたないこと——古い発想の枠組みが妨げになって、これらの点が認識できないのである。最後に、エクスターミニズムの章では、世界の軍事化を考察する。それは中東におけるいつ果てるとも知れない戦争からアメリカの都市で警察に撃たれ殺害されている黒人の若者にいたるまで、すべてを包摂している現象である。

わたしたちはすでに二〇世紀型の産業資本主義から急速に遠ざかりつつあり、引き返す可能性はほぼ断たれている。わたしたちは不確実な未来に突入しているのだ。わたしの望みは、この未来に対して広範な文脈を与えることであって、確実にこうなるという感覚を与えることではない。この点で、わたしはサイエンス・フィクションの著者であり「未来学者」のラベルでも通っているデヴィッド・ブリンに従っている。ブリンいわく、「[わたしは]実現の見込み（likelihoods）より複数の可能性（possibilities）を探究することのほうにはるかに関心がある。というのも実際に起きることよりも、起きうることとの可能性ははるかに多数だからである」[*29]。

実現の見込みではなく可能性を考察することの重要性は、それによってわたしたちの集合的行為が中心に位置づけられる点にある。いっぽう、確固たる予言をなすことはただ、受動性を促すことにしかならない。おなじエッセイでブリンは、ジョージ・オーウェルの『一九八四年』を「自己阻止的予言（self-preventing prophecy）」と形容している。それは、みずからの描写するシナリオの実現を阻止するための手助けをしているのである。テロとの戦争と元アメリカ国家安全保障局（NSA）のエドワード・スノーデンによるNSAの監視にかんする暴露のあと、このような予言がどれほど自己阻止的であったか疑念が生じても無理もないが、一般的見解としては揺るぎない。

本書が、ここで描く抑圧的未来を自己阻止的なものにすることに、平等主義的オルタナティヴを自己成就的なものにすることにささやかにでも貢献できたら、目的は達成されたことになろう。

原注——序章

＊1 National Oceanic and Atmospheric Administration, “Trends in Atmospheric Carbon Dioxide,” ESRL. NOAA.gov, 2014.

＊2 Thomas F. Stocker et al., “Climate Change 2013: The Physical Science Basis,” Intergovernmental Panel on Climate Change, Working Group I Contribution to the Fifth Assessment Report of the Intergovernmental Panel on Climate Change, New York: Cambridge University Press, 2013.

＊3 Erik Brynjolfsson and Andrew McAfee, *The Second Machine Age: Work, Progress, and Prosperity in a Time of Brilliant Technologies*, New York: W. W. Norton, 2014.〔村井章子訳『ザ・セカンド・マシン・エイジ』日経BP社、二〇一五年〕

＊4 Carl Benedikt Frey and Michael A. Osborne, “The Future of Employment: How Susceptible Are Jobs to Computerisation?,” OxfordMartin.ox.ac.uk, 2013.

＊5 Kevin Drum, “Welcome, Robot Overlords. Please Don’t Fire Us?,” *Mother Jones*, May/June 2013.

＊6 Brynjolfsson and McAfee, *The Second Machine Age*, pp. 7–8.

＊7 Frey and Osborne, “The Future of Employment.”

＊8 Martin Ford, *Rise of the Robots: Technology and the Threat of a Jobless Future*, New York: Basic Books, 2015.〔松本剛史訳『ロボットの脅威——人の仕事がなくなる日』日本経済新聞出版社、二〇一五年〕

＊9 Katie Drummond, “Clothes Will Sew Themselves in Darpa’s Sweat-Free Sweatshops,” Wired.com, June 6, 2012.

＊10 Leanna Garfield, “These Warehouse Robots Can Boost Productivity by 800%,” TechInsider.io, February

26, 2016.
＊11 Ilan Brat, "Robots Step into New Planting, Harvesting Roles," *Wall Street Journal*, April 23, 2015.
＊12 Shulamith Firestone, *The Dialectic of Sex: The Case for Feminist Revolution*, New York: Farrar, Straus and Giroux, 1970.［林弘子訳『性の弁証法――女性解放革命の場合』評論社、一九七二年］
＊13 Soraya Chemaly, "What Do Artificial Wombs Mean for Women?" Rewire.news, February 23, 2012.
＊14 Drum, "Welcome Robot Overlords.
＊15 Tyler Cowen, *The Great Stagnation: How America Ate All the Low-Hanging Fruit of Modern History, Got Sick, and Will (Eventually) Feel Better*, New York: Penguin, 2011; Robert J. Gordon, "Is U.S. Economic Growth Over? Faltering Innovation Confronts the Six Headwinds," National Bureau of Economic Research Working Paper Series, Cambridge, MA: National Bureau of Economic Research, August 2012.
＊16 Doug Henwood, "Workers: No Longer Needed?" Lbo-News.com, 2015.
＊17 Jeremy Rifkin, *The End of Work: The Decline of the Global Labor Force and the Dawn of the Post-Market Era*, New York: Putnam, 1995［松浦雅之訳『大失業時代』ＴＢＳブリタニカ、一九九六年］; Stanley Aronowitz and William DiFazio, *The Jobless Future: Sci-Tech and the Dogma of Work*, Minneapolis: University of Minnesota Press, 1994.
＊18 Norbert Wiener, Cybernetics: Or Control and Communication in the Animal and the Machine, Cambridge, MA: MIT Press, 1948, p. 28［池原止戈夫、彌永昌吉、室賀三郎、戸田巌訳『サイバネティクス――動物と機械における制御と通信』岩波文庫、二〇一一年］
＊19 Paul Krugman, "Sympathy for the Luddites," New York Times, June 14, 2013.

*20 Ford, *Rise of the Robots*; Derek Thompson, "A World Without Work," *Atlantic*, July/August 2015; Farhad Manjoo, "Will Robots Steal Your Job?," Slate.com, September 26, 2011; Drum, "Welcome Robot Overlords."

*21 Mike Konczal, "The Hard Work of Taking Apart Post-Work Fantasy," NextNewDeal.net, 2015.

*22 Thomas Piketty, *Capital in the Twenty-First Century*, trans. Arthur Goldhammer, Cambridge, MA: Harvard University Press, 2014［山形浩生、守岡桜、森本正史訳『二一世紀の資本』みすず書房、二〇一四年］

*23 Thom Andersen, *Los Angeles Plays Itself*, Thom Andersen Productions, 2003.

*24 Ray Kurzweil, *The Singularity Is Near: When Humans Transcend Biology*, New York: Penguin, 2005.

*25 Rosa Luxemburg, *The Junius Pamphlet: The Crisis in the German Social Democracy*, Marxists.org, 1915.［片岡啓治訳「社会民主党の危機（ユニウス・ブロシューレ）」『ローザ・ルクセンブルク選集3　1911–1916』現代思潮社、一九六二年］

*26 Robert Costanza, "Will It Be Star Trek, Ecotopia, Big Government, or Mad Max?," *The Futurist* 33: 2, 1999, p. 2.

*27 Luxemburg, *The Junius Pamphlet*.［前掲「社会民主党の危機（ユニウス・ブロシューレ）」］

*28 Wolfgang Streeck, "How Will Capitalism End?" *New Left Review* 2: 87, 2014, p. 47.

*29 David Brin, "The Self-Preventing Prophecy: Or How a Dose of Nightmare Can Help Tame Tomorrow's Perils," in Abbott Gleason, Jack Goldsmith, and Martha C. Nussbaum, eds., *On Nineteen Eighty-Four: Orwell and Our Future, Princeton*, NJ: Princeton University Press, 2010, p. 222.

第一章　コミュニズム——平等と豊かさ

カート・ヴォネガットのデビュー作『プレイヤー・ピアノ』は、一見すると、機械によって人間が労働から解放されたポストワークのユートピアを描いているようにみえる。ところが、ヴォネガットによれば、これはユートピアなどではまったくない。その未来社会では、生産はほとんどすべて機械によっておこなわれ、少数のテクノクラート的エリートがそれを監視している。それ以外の人間はすべて経済的観点からは本質的に不要な存在だが、社会が十分に豊かなので、万人に安楽な生活を供与できている。

小説のなかでは「第二の幼年期」と呼ばれるこの状況は、ヴォネガットにとって、達成ではなく恐怖である。ヴォネガットにとっても小説の主人公にとっても、自動化された社会の最大の危険は、それが人間の生活から意味も尊厳もすべて剥奪してしまう点にある。生活必需品の生産に直接にかかわらないとしたら、人はふつう必然的に無気力と絶望におちいってしまうものである。かれはそう考えているようなのだ。

この一九五二年の小説はあきらかにいくつかの点で時代遅れである。ひとつには、この小説の時代は、東西問わず、巨大工場と組み立てラインに基盤をおく高度工業化社会の時代だったということがある。なるほど一般に考えられているよりは、今日の経済もいまだこの種の大規模生産に依存していることはたしかである。しかしヴォネガットは、効率性の悪い労働集約型の生産に退行することなく、生産を脱集中化させる——それゆえ管理エリートにより依存することない——可能性を考慮していない。ところが、3Dプリンティング(それゆえパーソナル・コンピューターの)ようなテクノロジーが示唆しているのがこの方向なのである。

それに、「生産的」な賃労働こそ社会的意味の源泉であるという発想は、男性の稼ぎ手が家族を支えるという家父長制的観念に深く根ざしている。『プレイヤー・ピアノ』全体を通して、「職業」とみなされ賃金で対価を与えられることで社会的承認がえられる仕事と、社会を再生産し生活条件を確保するという意味で物質的に必要な仕事とがつねに混同されている。本書での女性たちは、みずからに期待されている不払いのケア労働や感情労働をたえずおこなっているが、ヴォネガットはこれが彼女たちにとって重要であるとも意味の源泉であるとも考えているふしはない。

『プレイヤー・ピアノ』の主人公は人望篤い工場管理者のポール・プロテュースであるが、かれはのちにシステムに幻滅し、批判者に転じることになる。小説の後半で、かれは自動化の解体を呼びかける宣言文を起草するのに一役かう。「人間はその本性からして、みずからが役に立っていると感じることなしに幸福たりえない」[*1]。これが解体の根拠である。しかし、物語を通して、ポールの妻であるアニータはあきらかに役に立っていることがら——つまり、ポールの社会的能力不足を補い、かれの自信を支えるという——にたずさわっている。あたらしい職務にかんしての上司のほのめかしをポールが誤解したときも、アニータはつぎのようにいう。女は「男たちにはない洞察力をもっているもの」だと。[*2] おそらくそうした洞察力をもつならば、男たちもまた自動化のいまだ不可能な多種多様な有用労働を提供する術を学ぶはずだ。だがそうした技能《スキル》は、ヴォネガットが完全な人間性ないしはすくなくとも完全な男らしさにむすびつける生産的労働の観念からは排除されている。このことは、ここでなにが本当に起きているかを示唆してくれている。そしてヴォネガットはそれについて、実はすでに述べている。すなわち、男たちは本当に役に立つことを望んでいるわけではない。かれらはたんに役に立っていると「感じ」たいのだ、と。自動化の問題は、男性の感情の危機なのだ。

自動化に対するヴォネガットの憂慮のかくも多くが、なぜ、なおもしつこく不安としてつきまとい、現在の経済論議や大衆文化を悩ませているのか、おそらくこれがその理由だろう。わたしたちがじぶんの職業を嫌悪しているとしても、いまだわたしたちはアイデンティティや社会的価値の源泉としてそれに依存してしまう。だから、およそわたしたちは、仕事を克服した世界を、気晴らしと退屈に充ちた世界としてしか想像できないのだ。たとえば、二〇〇八年のアニメ映画『ウォーリー（*WALL-E*）』では、人間たちはみな荒れ果てた地球を離れ、完全に自動化した宇宙船内で、ひたすら娯楽にあけくれている。だが映画でもっとも共感を誘う主役は、ゴミ拾いのため地球に置き去りにされている、感情をもったロボットである。つまるところ、かれは労働者である。対照的に、人間たちはグロテスクである。肥満で鈍重な消費主義のパロディなのである。

それゆえ、完全に稀少性が克服された世界をユートピアとして想像するためには、賃労働によって規定されない世界においては意味と目的の源泉がどこにあるのかを想像することが必要なのだ。しかしまず、そうしたコミュニズム社会が、ヒエラルキーvs平等、稀少性vs豊かさといった、わたしたちの設定した軸に、どのようにあてはまるのか、検討してみよう。

未来の台所

『共産党宣言』の著者として知られているものの、カール・マルクスはコミュニズム社会の内実について多く語ることを好まなかった。ときおり、移行期としてソーシャリズムの段階について語られることはある。そこで労働者たちは、既存の生産機構を引き受け、運営することになっている。だが、マルクスが究極の政治的目標とみなしたものは、これではない。この目標とはコミュニズムであり、それは労働と自由時間［の区分］を超越するもの、仕事の世界にかんするわたしたちの通念をはるかに越えるものだった。しかし、コミュニズム社会が究極のところどのようなものかについて語りすぎることは「未来の飲食店のために」レシピを書くがごとき愚かなふるまいであるとかれは考えていた。[*3] 歴史をつくるのは大衆による運動であってアームチェアの理論家ではない。こうマルクスは信じていたのである。

しかしながら、マルクスが、あえてより一般的観点から思弁する場面もないわけではない。たとえば『資本論』第三巻では、「必然の王国」と「自由の王国」が区別されている。必然の王国では、わたしたちは「欲求を充たし、生活を維持し、再生産するために」、生産における物理的労働によって、「〈自然〉と格闘」しなければならない。[*4] マルクスいわく、この必然の王国は、おそらくはソーシャリズムをふくむ「すべての社会形成体において、あらゆる可能な生産諸様式のもとで」存在する。[*5] それゆえ、ソーシャリズムが資本主義と異なるのは、生産が資本家や市場の気まぐれにゆだねられるのではなく、合理的に計画され、民主的に組織化されているという点である。しかしながら、マルクスにとって、この社会的発展のレベルは、「目的そのものであるような人間エネルギーの発展、自由の真の王国、その基礎として必然の王国をともなうかぎりにおいて咲き誇るそれら」の前提条件にすぎない。[*6] 訳注

この短い一節が重要なのは、それが、わたしたちのふつう教わるのとはまったく異なるポスト資本主義的政治へのアプローチをみせてくれているからである。学校ではマルクスは、労働を称え、労働活動を介してのみ人類は真にみずからを確立し実現すると信じていた、ということになっている。たしかに、かれはこのようなことを述べていることもないわけではない。しかし、だとしてもそれはたいてい、だれか別の人間のために働くことで報酬としての支払いを獲得するといった狭い現象ではなく、自己目的的な

活動の価値一般を指しているようにおもわれる。

しかし、先にあげた一節で、マルクスは、なにか別のことを述べている。すなわち、人類史を通じて仕事は不幸な必然性であった、と。灯りを絶やさないでおくことは大切

訳注　この箇所についてはその前後もあげておく。「自由の国（Reich der Freiheit）は実際、欠如と外的合目的性によって規定されるような労働行為が止むところで、はじめてはじまる。その国はしたがって、事柄の本性上、本来の物質的生産の領域の彼方に存在する。未開人が彼の諸欲求を充足し、彼の生活を維持し、再生産するために、自然と格闘しなければならないように、文明人もそうしなければならない。しかもどんな社会形態のもとでも、可能などんな生産様式のもとでも、そうしなければならない。彼の発展とともにこの自然必然の国（Reich der Naturnotwendingkeit）は拡大する。なぜなら彼の諸欲求が増大するからである。しかし同時に、それらを充足させる生産的な諸力も増大する。自由はこの領域ではただ、社会化された人間、アソシエイトした生産者たちが、自然との彼らのこの質料代謝を合理的に規制し、盲目的威力としての質料代謝によりコントロールされる代わりにそれを彼らの共同のコントロールの下に置き、それを最小の力の支出で、彼らの人間的自然にもっともふさわしく、もっとも適切な諸条件のもとで遂行する、という点にのみ存在しうる。だがこれも依然、必然の国にとどまる。この国の彼方に、自己目的として認められた人間の力の展開（die menschliche Kraftentwicklung, die sich als Selbstzeeck gilt）が、真の自由の国が、はじまるのだが、それはただ、その土台としてのあの必然の国の上にのみ開花しうるのだ。労働日の短縮がその基礎である」（田畑稔訳）。

である。そしてそれはときに仕事を必要とする。だが灯りを絶やさないでおくことが、わたしたちを人間にするわけではない。それは、わたしたちが真に自由でありうるとしたら乗り越えうるし、乗り越えねばならない必然性にすぎないのだ。仕事の終わるときに自由がはじまる。自由の王国とは、就業時間後《アフターアワーズ》の時間であり、週末であり、ヴァケーションであり、仕事［の時間］ではないのだから。そして、このことは、資本家の雇用主《ボス》のもとの労働であろうが、労働者所有の協同組合のもとの労働であろうが、かわることはない。仕事の空間は、いまだ必然の王国であって、自由の王国ではないのだ。

別の場所でマルクスは、いつの日かわたしたちは必然の王国からみずからをいっさい解放できるかもしれないと示唆している。『ゴータ綱領批判』のなかでかれはこう述べているのである。

コミュニズム社会のより高度の段階で、すなわち諸個人が分業に奴隷的に従属することがなくなり、それとともに精神労働と肉体労働との対立もなくなったのち、労働がたんに生活のための手段であるだけでなく、労働そのものが第一の生命欲求になったのち、個人の全面的な発展にともなって、またその生産諸力も増大し、協同的富のあらゆる泉がいっそう豊かに湧きでるようになったのち――そのときはじめてブルジョア的権利の狭い限界を完全に踏みこえることができ、社会はその旗の上にこう書くことができる。各人はその能力に応じて、各人にはその必要に応じて！。[*7]

わたしたちのほとんどが資本主義的生産諸関係になじみすぎているため、「分業」に服しない個人を想像することすらむずかしい。計画を立案し、それを実行するよう指揮する上役《ボス》の存在を、わたしたちは自明としている。マルクスの示唆しているのは、みずからの利得のために計画を立案する者とその計画を実行する者のあいだの障壁は、取り去ることができるということである。それはもちろん、経済活動《ビジネス》を管理経営する者と実行する者の区別を除去することも意味しているはずだ。

しかしここにはまた、もっとラディカルな含意もある。すなわち、経済活動とされるものと集合的な娯楽活動とされるものの区別の抹消である。その状況においてはじめて、わたしたちは「労働がたんに生活のための手段であるだけでなく、労働そのものが第一の生命欲求」であることをみいだすだろう。この場合、仕事はもはやまったく仕事ではない。それは自由時間でもってわたしたちがみずから選択しておこなうものとなるのだから。こうしてだれもが「好きなことをせよ」という命法にしたがうことができる。そのとき、この命法は［現在までのように］搾取への忍従の不誠実ないいくるめではなく、存在状態の真の記述となるのである。これが、キメた《ストーナー》哲学者としてのマルクスである。きみの感じることをやりなよ（各人はその能力に応じて）、そうすりゃぜーんぶいい感じ《クール》になるよ（各人はその必要に応じて）。

マルクスの批判者たちは、この一節を、絶望的なまでにありえないユートピアときめつけながら、しばしばマルクスにむけ返している。あまりに生産的なので、人間が不愉快な労働にやむなく従事する必要から完全に解放されるなんて社会がありうるのか？前章では、そうした解放を実現できる、あるいはすくなくとも接近できる、広範にわたる自動化の可能性を示唆してみた。つまり、わたしたちが、破局的な生態学的ダメージなしに資源とエネルギーを確保する必要に対応できる方法をみいだす、そのような可能性である。

近年の技術的発展はたんに商品生産領域でのみみられるわけではない。未来の自動稼働工場や３Ｄプリンターを操作するのに必要なエネルギーの生成においても起きている。

それゆえ、ポスト稀少性の未来のひとつの可能性は、省力型テクノロジーを、現在のエネルギー体制——物理的稀少性と化石燃料による生態学的破壊の双方に究極的には制約されている——に対するオルタナティヴとむすびつける点にあるのである。その実現について請け合うことはまったくできない。だが、気候を安定させ、クリーンエネルギーの源泉をみいだし、賢く資源を利用する、そんな見込みのある指標は存在する。これについては第三章で論じたい。

だが、稀少性の問題が解決したとして、わたしたちは『ウォーリー』がそうだったように、たんに気晴らしと退屈のなかでグダグダすることになるのだろうか？　マルクスのいうように、「労働がたんに生活のための手段であるだけでなく、労働そのものが第一の生命欲求になる」ことはないのだろうか？　わたしたちのくわだてる活動や計画《プロジェクト》がどのようなものだろうと、わたしたちはそれらを賃金が必要だからでもひと月あたり数時間を協同組合に捧げる義務があるからでもなく、本質的に充実しているからおこなう。これは多くの領域で、けっしてまったく不可能にはおもわれない。たとえば、現在すでに「仕事にかかわる」選択肢をもてるほどには特権的である人びとのあいだで、仕事にかんする決定がどれほど非物質的配慮に動かされているかを考えてみよう。要するに、たとえはるかに高収入のキャリアが開けていても、教師になったりソーシャルワーカーになったり、あるいは小規模な有機農業をはじめたりすることを、無数の人びとが選んでいるのだ。

賃労働の解体は、今日では、非現実的な夢想のようにみえる。だがそれは、かつて左翼の夢であった。かつて労働運動は、賃金よりも労働時間の短縮を要求した。だれもが期待していたのは、主人公が一週間に二時間しか働かないコミック『宇宙家族ジェットソン』のような未来であった。実際、仕事から解放されたあとわたしたちはなにをするか、人びとはあれこれ考えをめぐらせていた。［たとえば］「孫のための経済的諸可能性」という論考で、ケインズは、つぎのような事態がやってくると予言している。二、三世代以内に、

人間は真に恒久的な問題──経済上の切迫した心配からの解放をいかに利用するのか、科学と指数的成長によって獲得される余暇を賢明で快適で裕福な生活のためにどのように使えばよいのか、という問題に直面するであろう。*8

そして一九五六年の討議において、マルクス派の哲学者であるマックス・ホルクハイマーは、同志であるテオドール・アドルノにこうラフに呼びかけることからはじめている。「今日、わたしたちは十分な生産諸力を享受しています。世界中に十分な財を供給することも可能だし、人間存在の必要条件としての仕事を廃絶することもできる。これは明白なことなのです」[*9]。

仕事と意味

賃労働を経済的に乗り越えるということは、また、それを社会的に乗り越えるということでもある。それと並行してわたしたちの価値観や生活様式は深い変化をこうむるだろう。ヴォネガットの時代には、完全に自動化した未来が可能であるにしても、それは望ましいものではないと論じる人たちがいた。かれらは、仕事には本質的に意味があることが、自動化への最良の反論になると考えていた。かれらは、失業が深刻な心理上・健康上の悪影響を失業者に与えることを示した研究を、仕事が賃金以上の積極的価値を有していることの証拠としてあげてみせた。

わたしたちが資本主義社会の文脈で「仕事《ワーク》」について語るとき、そこに三つの異なる意味がひそんでいる可能性を念頭におくことは大切だ。まず、生き残るために必要な貨幣をうる手段。つぎに、わたしたちの社会の存在の継続に必要な活動。さらに、生活に目的と意味を授けてくれるがゆえに、本質的に充実を感じる活動。この三つがすべてそなわっている幸運な人びともわずかにはいるだろう。だが、わたしたちの多数にとって、仕事はたんに賃金を確保する手段にすぎないのであり、できるなら解放されたいものである。「好条件」とされている職業に就いている人びとのあいだにすら宝くじが売れているのは、このためである。

ベルリン自由大学の三人の経済学者の研究をみてみよう。この研究は、賃労働は人間の尊厳や意味の必要な源泉であるというような主張の背後にひそむ、より複雑な現実を示唆している。[*10] かれらは一般読者のために発見を要約して、通俗的見解をひとまず支持してみせている。「人間は人生におけるおどろくほど適応できるものだ」。だが、失業のもたらす不幸の感覚は例外である。「失業者の人生の満足は、失業後どれだけ長い時間がたっても回復しない[*11]」。

しかしながら、著者たちはつづけてこう問うている。なぜ失業者はかくも継続して不幸なのか。この問いを通して、かれらは失業の効果が議論されるときつねに生じるあいまいさをあきらかにする。失業が人びとにとって悪いのは、失業が強力な社会的スティグマをもたらすからではないか？（もちろん、失業状態であることが不愉快である一番の理由をこの問いは脇においている。つまり、貧困である）。

失業が人にとってなぜ悪いのかを見定めるため、かれらは失業から退職状態へと移行したドイツ人の人生の満足度の自己報告における変化を検討している。著者たちの観察によれば「定年退職は社会的カテゴリーに変化［失業者から退職者への］をもたらすが、それ以外の点では長期的失業のなかでの生活となにも変わらない」。ところが、かれらは、失業状態から退職状態への移行が、それ以外の諸要因を考慮に入れても、幸福度において即時の劇的な上昇をもたらすことを発見した。そのことは「長期的失業者が、定年退職後の社会的カテゴリーの変化と、雇用という社会的規範にあわせる必要がないという安心感から、いかに強い恩恵を受けているか」を示している。[*12]

失業者は、みずからを労働者と考えることをやめるや幸福になることがわかったのである。この結果は、失業のもたらす害悪の多くは、一個の社会としてのわたしたちが失業者をまなざすそのあり方と関係していることを示唆している。わたしたちは、有給の仕事をその人間の価値を証すしるしとみなしている。この信念がなんら一貫した根拠をもたないとしても、そうなのである。

ここまではひとまず認めたとしても、それでもこう論じるむきもあろう。仕事を越えるといっても、端的に自動化させてはならないものもある。しかるに、もしそうしたものまで自動化させるなら、わたしたちの社会は、どこまでも人間性を失ったり劣化したりしてしまうのではないか、と。服飾工場を自動化するのはいいが、ロボットナースや臨床コンピューターが医療従事者を追放してしまうとしたら恐ろしいじゃないか、というわけだ。高齢者にケアサービスを提供するロボットの可能性をあげながら、社会学者のゼイネップ・タフェクシも、この過程を「非人間的」とみなしている。*13 しかし、彼女が反対しているのは、主として機械の採用が資本主義の諸条件のもとでおこなわれることに対してである。資本主義の諸条件のもとでは、自動化は失業と窮乏への恐怖としてあらわれるのだ。本書の目的は、別のあり方も可能であることを示すことにある。

しかしながら、彼女は重要な点を指摘している。介護《ナーシング》／看護のようなケア・ワークは、おおよそ女性がおこなっている。そのため、それが過小評価され低賃金であるのも偶然ではない。それゆえおそらく、危惧すべきであるのは、そうした仕事が自動化されるよりは自動化されない可能性、つまり、低賃金の女性化された労働力が唯一の賃労働となってしまうことである。ケア活動のなかには、たとえばおむつを取り替えたりといった、自動化に理想的に適しているようにみえる愉快ではない性質の仕事もある。とはいえ、多くの高齢者が、ナースに、物理的世話だけでなく感情的つながりももとめている「のもたしかである」。

　だとしても、感情的要素の強いケアの複雑な部分すらも「ロボットへの」置き換えをまぬかれることはない。わたしたちが意識をもたない動物からも感情的な慰めをえているとするならば、なぜロボットからはそれがえられないといえるのだろうか？　じぶんが世話《ナース》することもでき、ときにみずからに愛情を注いでくれる他者の存在に囲まれて暮らすこと、往々にして、わたしたちの望むものはこうしたことだ。その存在がわたしたちの愛情に生き生きと応じてくれるのであれば、それらが人間と同程度の意識をもたなかったとしてもかまわない。そういうものである。人間の伴侶をもたない人たちは、しばしばこのような欲求を、猫や犬との関係によって充たしているものだ。

　とすれば、なぜこのつながりが、人間の奉仕者《サーバント》からやってこなければならないのだろう？　動物に囲まれて育ってこなかった人たちにとって、かわいい《キュート》犬とかわいい《キュート》ロボットのあいだの差異がなにか、にわかにはあきらかでない。それに、ロボット・ナースは、過労で怒りっぽい人間のナースよりも、まだ心をなごませてくれるかもしれないではないか。意外ではないが、このアプローチはすでに日本で発展をみせている。日本は、かわいさ《キュートネス》にかかわるテクノロジーとロボット工学に深く精通した、高齢社会なのだから。

しかしながら、タフェクシの批判はまた、より深いなにかにもふれている。それは仕事と自動化の問いよりさらにむこうにあるものだ。これがタフェクシのいう「ディープな感情労働」、すなわち相互のケアである。たがいにケアし合い孤立と孤独を乗り越えることは、人間であることの本質にある。しかし、こうした活動がすべて〔報酬を〕支払われるような世界が、わたしたちのもとめるようなものなのだろうか？　わたしたちがもとめているのは、賃金のために仕事をする必要から解放され、じぶん自身やたがいをケアすることの意味を探求することのできる、そのような世界ではないだろうか？　わたしの共感は、後者の可能性のほうにある。すなわち、そうした世界で展開しうる、あたらしい可能性と問題である。

そうした社会がどのようなものかを考えるには、『スター・トレック』をみるのがよい。

この作品の経済や社会は、二つの基本的な技術的要素に基礎をおいている。ひとつは「レプリケーター」のテクノロジー。それはいかなる対象をもボタン一押しで大気から物質化できる。もうひとつは、はっきりと説明はされないが、みたところ無料の（あるいはほとんど無料の）エネルギー資源。これがレプリケーターをはじめとするすべての動力となっている。

『スター・トレック』のテレビ番組と映画は、あるレベルでは、たんなる冒険物語であり、スペースオペラである。だが、よく目をこらしてみれば、登場人物たちの属する未来社会が、稀少性を越えた社会であることがわかる。実際にその社会を、マルクス的な意味でコミュニズム社会と呼ぶことができる。つまり、「各人は能力に応じて、必要に応じて」の原則で運営されている世界である。

『スター・トレック——ネクストジェネレーション』〔『新スター・トレック』1987-1994、テレビ版第2シリーズ〕では、折につけこの事実にふれられ、わたしたちのこの現代社会の、貨幣と商品の低劣な世界がおちょくられている。たとえば、ジャン＝リュック・ピカードが、四〇〇年ものあいだ凍結された二〇世紀からきた人間に遭遇するエピソードがある。ピカードは、この粗野なニューカマーに、この社会が「飢えも欠乏も、所有の必要も根絶した」ことを忍耐強く説明するはめになる。さらに言えば、作品に登場する宇宙人の一種族であるフェレンギ人は、その野蛮な資本主義と物質的蓄積への執着によって冗談の的となっている。

『スター・トレック』の世界のコミュニズム的性格は、たいていは覆い隠されている。というのも、映画やテレビでクローズアップされているのは、宇宙空間を探検しては異種の宇宙人と摩擦を引き起こす宇宙戦隊の軍事的ヒエラルキーだからである。だがこのヒエラルキーですら、冒険と探検の生活をあえてもとめる者を引き寄せる、大部分は自発的に選択されたヒエラルキーなのである。かいまみえる民間人の生活から読み取るかぎりでは、ヒエラルキーにも強制にもほとんどだれも悩まされていないようなのだ。番組がコミュニズム的ユートピアから離れるとしたら、それは脚本家たちがドラマティックな緊張を高めるため、敵対的な異星人や稀少な資源という外的脅威を導入するときである。それ以外では、この作品のなかにあらわれる対立や葛藤《コンフリクト》は、「賢明に愉快によりよく生きる」ことの探求にかかわっている。これからみるように、想像できる範囲でも、そうした対立や葛藤は数多い。

これが麗しきわが人生《マイ・ビューティフル・ライフ》なのか？

コミュニズム社会の重要な対立やカテゴリーがどのようなものであるのかを論じるまえに、そこにどうやってたどりつくかについて、若干、述べておきたい。自動化への敵意は、その潜在力に惹かれる人びとのあいだにすら浸透している。というのも、ほとんどだれも脱落させることなくこの潜在力の発揮が可能なのか、どうしても展望できないからである。つまり、賃労働者から自動化された生産にケアされる存在へとわたしたちが移行できるとするならば、それはすばらしい。だがそれよりも、失業や困窮の蔓延、機械を所有する人間への屈服といった世界のほうが断然イメージしやすいのだ。

わたしはマルクスと、未来の台所のレシピ［作成］を回避するという点を共有している。それゆえ、コミュニズムへの移行の綱領的説明のたぐいを試みたいわけではない。ここでは、いくつかの基本的原則を示唆するのみである。

資本主義の終焉が、力をたくわえながら待機し、時機をみて国家と生産手段を一挙に掌握するような大きな革命的運動によって、必然的にもたらされるというふうに想定すべきではない。これはボルシェヴィキをはじめとする蜂起主義的革命家のモデルである。とはいえ、だからといってある種の劇的切断がいっさい必要ではないというわけでもない。富と権力の所有者がそれを自発的に手放すなどと考えるのは素朴であろう。しかしわたしたちはそうした手段を強制できるにはほど遠いので、資本主義を完全に転覆する前に、しばらくは資本主義へのオルタナティヴをいかにして構築するかの戦略を考えることができる。このことは、いまここで人びとが資本主義的賃労働から独立しながら生き延びて活動できるようにすると同時に、みずから政治的に結集し組織化できるようにすることでもある。

　社会民主主義的福祉国家は、しばしば革命的プロジェクトの対立物とみなされている。二〇世紀のコミュニズムが資本家的階級の暴力的な転覆とむすびついているとしたら、西欧やそれ以外で発展した社会民主主義は、市場の変動から人びとを保護するセーフティネットを用意することで資本主義の最悪の部分を改良するにとどまるというわけだ。なるほどそうであるにしても、福祉国家にはまたよりラディカルに尖《とが》っている部分もある。その最も普遍的で大いなる福祉国家の効果は、労働を脱商品化する点にある。つまり、賃金を支払うものにみずからの労働を売ることに依存することなしに生存を可能にする、そのような状況を形成することだ。

労働の脱商品化は、一九九〇年に公刊された近代福祉国家についての影響力のある著作『福祉資本主義の三つの世界』においてイエスタ・エスピン＝アンデルセンが展開した概念である。[*14] そこでかれは、各国の福祉体制の差異を生みだす主軸のひとつが労働の脱商品化であると論じている。この発想を促したのは、資本主義のもとでは生存維持手段を確保するために人びとの労働力が商品となるという（マルクスにさかのぼる）認識である。わたしたちのほとんどにとって、みずからの労働力は実質的に売ることのできる唯一のものであり、それを売ることが生きていくための唯一の方法である。

エスピン＝アンデルセンによれば、労働の脱商品化とは、職業を確保する必要なく、また官僚制的条件を充たす必要もなく、基本的ニーズ——住宅、ヘルスケア、あるいはたんに貨幣——を入手することができるという状況を指している。これらのものを、なにかの対価としてではなく端的に市民であるという権利として獲得するかぎりで、わたしたちの労働は脱商品化されているというわけである。

社会が資本主義のもとにとどまるかぎり、すべての労働が完全に脱商品化されることは不可能である。というのも、もしそうしたことが起きてしまえば、じぶん以外の人間のために仕事をすることを労働者に強いるものがなにもなくなってしまい、資本蓄積は停止してしまうからである。しかしながら、失業対策、社会化された医療、保証された収入保険のようなプログラムが、退職しても存在するかぎり――そして、これらのプログラムへの資格が普遍的権利とみなされるかぎり――労働は部分的に脱商品化されたといえる。この議論を基礎にして、エスピン＝アンデルセンは、（北欧諸国のような）高度に脱商品化した福祉体制を、（米国のような）労働者がいまだ強く市場に依存している諸国と区別したのである。

ある種の改良、とりわけ労働を脱商品化する改良は、よりラディカルな方向にむかいうると論じる人びともいる。フランスのソーシャリストであるアンドレ・ゴルツは、この手の発想の理論家としてよく知られている。一九六〇年代後半の初期の著作『労働者戦略（*Strategy for Labor*）』〔日本語版の題名は『労働者戦略と新資本主義』〕で、かれは「改良か革命か」という退屈な左翼の論争にかえて、あたらしい対立を提示しようと試みた。*15 この時代（今日までそうなのだが）、ソーシャリストたちは、資本主義を克服するためには、選挙制度や政策上の改革を利用できるのか、それとも暴力的な権力奪取のみが必要なのかをめぐってはてしない議論にふけっていた。ゴルツによれば、このような議論は誤っており、真の争点から目をそらすものである。

すぐさまシステムに取り込まれたり従属させられたりしないような反資本主義的解決を課すことが内部から——つまりあらかじめ資本主義を解体することなく——可能だろうか？ これは「改良か革命か」という古い問いである。これは、改良闘争か武装蜂起かの選択に運動が迫られたときに、せりあがってくる問いであった。西欧ではもはやこのような事態はない。ここではもはや選択肢はない。問いはここでは、「革命的改良」つまりラディカルな社会の変革にむかう改良の可能性をめぐっている。[*16]

ゴルツはさらに「改良主義的改良（reformist reforms）」——現存システムの機能を保持する必要に従属する——からラディカルなオルタナティヴを区別する。

> 非改良主義的改良は、なんでありうるかではなく、なんであるべきかによって規定される。そしてつまるところ、それは、みずからの目標達成の可能性を、根本的な

政治的・経済的変革の実行という基礎のうえにおく。これらの変革は漸進的でもありうるが、急速でもありうる。しかしいずれにしても、それらは権力諸関係の修正を想定している。労働者たちは権力を奪取するか、あるいは資本主義を弱体化させ、その結合部を揺るがすのに役立つ体制内の諸傾向を確立、維持、拡大するのに十分な強制力（つまり、非制度化された強制力）を行使することを想定しているのである。すなわち、構造的改良が想定されているのである。*17

ゴルツのあげる非改良主義的改良（nonreformist reform）の例のひとつは、いま一般に普遍的ベーシック・インカムとして知られている。これはかんたんにいえば万人に保証された額のお金を与えようという提案である。仕事や資格に無関係に、絶対的に無条件に給付をおこなうのである。この交付金は、理想的には、働いているか否かにかかわらず、基本的な品位あるレベルで生活することを可能にするだけの額である。

これはあきらかにラディカルな提案である。社会的給付はなんらかのかたちで労働とむすびついていなければならない、あるいは高齢者や障害者のような特定の人びとを対象に絞るものであるという、リベラル派と保守派に共通する主張を覆すものだからである。この提案の実現可能性にかんしては、財源をどうするかはもちろん、どのプログラムをカヴァーするかまで広範な論争がある。フラットな支払いにかえるといっても、失業保険や生活保護と健康保険とではまるで意味がちがってくる。たとえば、健康保険の場合、さまざまな人がまったく別々のニーズをもっているがゆえに、それを一律支払いにするのは大きな問題となるだろう。しかしここでわたしがより興味をそそられるのは、普遍的ベーシック・インカムによる社会的諸効果の可能性をめぐるユートピア的思弁である。

ベーシック・インカムへの批判のひとつは、長期的にはシステムとして機能しないというものである。人びとがどんどん有給の仕事から撤退するならば、そもそもベーシック・インカムの財源である税基盤が失われていくではないか、というわけだ。しかし別の観点からみれば、この展望こそまさにベーシック・インカムを非改良主義的改良にしているゆえんである。それゆえここで、ベーシック・インカムを出発点として、より計画的《プログラマティック》なユートピア主義を素描することが可能になるのだ。この方向を示唆するのが、ロバート・ヴァン・デア・ヴィーンとフィリップ・ヴァン・パリースの一九八六年の論考「資本主義を通したコミュニズムへの道」である。*18

この論考は、マルクス派の究極の目的はソーシャリズムではなく搾取（つまりその仕事の真の価値より低く支払われること）と疎外の双方の廃棄を意味するコミュニズム社会であるという命題から出発する。マルクスの「自由の王国」の議論とまったくおなじように。つまり「生産活動はもはや外的報酬に誘因《インセンティヴ》をもつ必要はなくなる」のである。*19「経済を下降スパイラルに巻き込むことなく、「基本的ニーズ」を充たすに十分な普遍的給付を万人に与えることができる」と想定してみよう。こうかれらはいう。「いったんそうした普遍的給付が導入されたとして、経済はどのような展開をみせるだろうか？*20」。かれらの答えは、生産性を上昇させようとする資本主義的衝動に、ベーシック・インカムは「ねじれを与える」だろうというものだ。

実質的な普遍的給付への権原は、魅力的でなくやりがいの乏しい仕事（だれもいまや生存のために忍従することを強いられない）の賃金率を上昇させると同時に、魅力的で、本質的にやりがいのある仕事に対する平均賃金率を引き下げるだろう（というのも基本的ニーズはいずれにしても充たされているから、人はいまや保証された収入レベルよりはるかに下回る報酬でも質の高い仕事を引き受けることができるようになる）。その結果、資本主義的な利潤の論理は、仕事の質を向上させ、それによって製品生産に必要な労力を軽減させるような技術革新や組織改革を、以前よりはるかに促進させることになろう。[*21]

このトレンドをいっそう推し進めるならば、すべての賃労働は徐々に廃棄される状況にいたる。労働力はもはや安価ではないため、雇用者はますます自動化を余儀なくされる。それにつれ、望ましくない仕事は完全に自動化される。最終章で論じるように、経済の完全な自動化を喰い止めている要因のひとつは、技術的解決の欠如ではなく、低賃金ゆえに機械を購入するより人間を雇った方が安価であるという点にあるのだから。ところが、ベーシック・インカムへのアクセスによって、労働者は低賃金でありかつ愉快でない仕事を引き受ける意欲を低下させていくであろうし、雇用者はこうした仕事を自動化する方法をさぐる誘因《インセンティヴ》をもつことになる。

いっぽうで、望ましい仕事に対する賃金は、最終的にゼロにまで低落する。というのも、人はそれを無償でもやるだろうし、ベーシック・インカムが基本的ニーズを供給してくれるためにそうすることが可能だからである。ゴルツがのちの著作『経済的理性批判（*Critique of Economic Reason*）』〔日本語版の題名は『労働のメタモルフォーズ　働くことの意味を求めて』〕で述べるように、一部のいろいろな活動を「自律的な活動の領域が引き受け、それによって公共によるものであれ民間によるものであれ、外部からのサービスの需要が縮小することになるだろう[*22]」。

それゆえ長期的には、人びとがますますベーシック・インカムに依存しなくてすむようになる。というのも、欲しかったり必要としたりするものを貨幣で購入する必要がなくなるからである。3Dプリンティングとデジタル・コピーのテクノロジーが『スター・トレック』のレプリケーターのようなものへと発展するにつれ、無償で自動的に生産可能となるものもあらわれる。そうでないものも賃労働よりは自発的な共同活動の産物となる。なるほど、こうしてベーシック・インカムの税基盤は浸食されていく。だが貨幣経済の縮小とそれに対応する税基盤の縮小は、ベーシック・インカムに対する批判者の多数がいうような解決しがたい危機を生みだすよりは、ユートピアへの道となるのだ。

たとえば、GDPの規模とむすびついたベーシック・インカムを考えてみよう。わたしたちは物質的繁栄が、貨幣によって尺度された経済活動の価値であるGDPの上昇に対応している資本主義世界になじんでいる。しかし賃労働が自動化かあるいは自発的活動にゆだねられていくにつれ、ＧＤＰは低落をはじめるであろうし、それにともなってベーシック・インカムも低落をはじめるだろう。とはいえ、それによって生活水準も低落するわけではない。ここでのＧＤＰの低落はまた、わたしたちの生活コストの低落もあらわしているからだ。伝統的マルクス派の一部にとって、国家がソーシャリズムにおいて縮小していくのとおなじように、ベーシック・インカムも縮小していく。ヴァン・パリースがいうように「資本主義社会はスームズに完全なるコミュニズムへとむかっていくだろう[*23]」。

たくさんのステイタスのヒエラルキーを開花させよう

いくつかの技術的パラメーターを設定し、いくつかの社会的文脈についても提示したところで、わたしたちは、コミュニズム社会の生活を想像することができる。そこで、より人間的な問いへと立ち戻りたい。コミュニズム社会では、わたしたちは日がな一日なにをやるのだろうか？　ここで描いてきた種類のコミュニズムは、ときに誤ってその批判者からも支持者からもヒエラルキーも対立もまったくない社会であると誤解されている。しかし、資本–賃金関係の廃棄を、ありうる社会問題への一挙的解決とみなすよりも、政治学者のコリー・ロビンの用いる言葉で「どうにもならない惨めさをありふれた不幸へと転換させる」方法として考えるほうがよいだろう。*24

というのも、いまも昔も、すべてのヒエラルキーや対立を資本の論理に還元できるわけではないからだ。同時に、ほとんどの人間が賃労働に依存しているかぎり、あれこれの対立を根源的な対立から完全に区別することも不可能である。資本関係を、そこからあらゆる圧迫や対立が生まれてくる根源として考えるよりは、おそらくもっとよいメタファーがある。資本と労働のあいだの対立がそれ以外の社会的諸関係をかたちづくるやり方を、磁場がその周囲の対象に影響を及ぼすようなものとして把握することである。

電磁波の学習でよくみられる方法がある。鉄粉のばらまかれたテーブルの上に学習者が棒磁石を置いてみるのである。すると磁石を囲む不可視の磁場が鉄粉をそれに沿ったかたちで引き寄せ、やがて渦巻き状の星形の形状が浮き彫りになる。資本の関係も一種の社会的磁石であって、一極が資本で、一極が労働である。それは、それ以外のすべての社会的ヒエラルキーを、貨幣を基礎にした主要なヒエラルキーにむすびつける傾向がある。たとえばアスリート的能力のヒエラルキーは、プロフェッショナルとしてのプレイに対する支払いのヒエラルキーへと翻訳される。とはいえ資本の磁力が強力であるにしても、すべてのシステムを完全に整列させることができるほどではない。たとえば、名声は一般的に貨幣へと翻訳できるかもしれないが（爆発的にヒットしたキム・カーダシアンのスマホむけゲームのように［キム・カーダシアンの実生活をゲームのコンテンツにしたゲームで、二〇一四年にリリースされるや、およそ一年半で一億ドルを売り上げた］）、その翻訳は厳密なものでも規則的なものでもない。貨幣でまた名声を買うこともできるが、つねに意図した通りになるかはわからないのだ。まさに一〇代のレベッカ・ブラックがおもい知ったように。母親がじぶんの音楽ビデオの制作に四〇〇〇ドルを支払い、それがまたゾッとするほどひどいものだったので、メディアでセンセーションを巻き起こしたのであった。*25 訳注

訳注　レベッカ・ブラック（Rebecca Black）（1997–）。YouTubeで二〇一一年にアップロードされ、コメディアンがブログで（批判的に）とりあげると、「過去最悪の歌」などと評判がたち、誹謗中傷にさらされるなか、数日で再生回数は数百万回になり、現在では、一億六〇〇〇万回以上を記録している。

コミュニズム社会について最も興味をそそられる問いは、資本関係の組織力が除去されたあとで、さまざまなステイタス競争がどのようにおこなわれるかにかんするものだ。ここでもまた、フィクションが有益である。とはいえ、これにかんしては、コミュニズムの未来の試練を想像するにあたって異星人や宇宙船は必要ない。

コリイ・ドクトロウの二〇〇三年の小説『マジック・キングダムで落ちぶれて』は、現代アメリカ合衆国の延長上にポスト稀少性の世界を想像した作品である。*26『スター・トレック』とおなじように、この世界では、物質的稀少性は克服されており、一種のアナキズムである「アドホクラシー」［ad hoc と cracy の合成による造語で、アルビン・トフラー（Alvin Toffler）が官僚制に対置させて拡がった］の原則で運営されている。つまり、その社会は、包括的ヒエラルキーに従属することなしに形成され分散している諸集団によって運営されているのである。しかしドクトロウは、人間社会の内部では、仲間のあいだでの、評判、尊敬、高評価のような、いくつかの非物質的財がつねに本質的に稀少であることを理解している。こうしてこの作品は、さまざまな登場人物が「ウッフィー（Whuffie）」を貯めようとする格闘をめぐって展開する。「ウッフィー」とは、他者からの好感を表現するヴァーチュアルなブラウニー・ポイント［ガールスカウトなどでよいことをしたら与えられるポイント」である（Facebookの「いいね」やツイッターのリツイートの全般化した形態を考えればよい）。この作品のなかの人びとは、主人公が以下に述べるようなことを信じている。

ウッフィーは貨幣の本質を取り戻したのだ……。昔は無一文でも人に尊敬されていれば飢えることはなかった。一方、金持ちでも人から憎まれている人間は、いくら金を積んでも身の安全と心の平和を買うことはできなかった。貨幣が本来意味するもの――友人や隣人からのよい評判［personal capital：「個人資産」でもある］――を測ることで、人はみずからの成功をより正確にみきわめられるのだ。*27

むろん「昔」のこのような記述が、資本主義社会の作動様式を正確に描いているわけではない。注目されて有名人になれるんだぞ、「世間の注目を浴びつつ」死ねるんだからな、と約束する編集者にそそのかされ、無償で仕事を引き受けるジャーナリストのジョークがよく示しているように。ともあれ、ウッフィーであれそれ以外の通貨であれ、それらがなくともともかく生きることはできる、このことが世界を一変させているのである。

この作品は、ポストワーク社会でボランティアによって運営されているディズニーランドを主要な舞台としている。しかし、そこではいまだウッフィーによって規定されるヒエラルキーや組織が必要とされている。ストーリーの起伏も、それのもたらすさまざまな陰謀や抗争にかかわっている。死者はバックアップからかんたんに復活できるという本書の愉快な前提からすれば、生存も死についても心配する必要はないが、だとしても、別の対立が存在している。たとえば、ディズニーランドのホール・オブ・プレジデンツに、脳に作用してアブラハム・リンカーンの経験を直接に与えることのできるディスプレイを設置するかどうかといった対立である。こうした論争に決着をつけるのは、一番の金持ちではなく、最高の社会的ステイタスを獲得しうる者である。

あなたがもしソーシャルメディアに多大なる時間を捧げているとしたら、こうしたことはすべてユートピア的というより恐怖すべき事態におもえるだろう。しかし『スター・トレック』とは対照的に、ドクトロウの本の価値はここにある。つまり、ポスト稀少性の世界を、万人が完全なる調和をもって暮らし政治は停止状態になっている世界というよりは、独特のヒエラルキーと対立をはらんだ世界として描いている点にある。資本とおなじように評判は不平等かつ自己増殖的な仕方で蓄積される可能性がある。すでに人気のある者たちが、それによってあれこれをなす能力を獲得し、さらにそれを使って、より多くの注目を集め、さらに人気を集めるといった具合である。さらにいえば、レイシズムとセクシズムも、資本主義の時代とおなじように根絶してはいない。ポスト資本主義社会であってもまた、それらによる階層化はありうるのだ。そうした動態は今日でも容易に観察できる。たとえば、ブログやそれ以外のソーシャルメディアが、どのように人気のある管理人（gatekeepers）を生み出すかをみればよい。そこでは、だれが注目を集めるか集めないかは、必ずしも金銭的優位とはかかわりがない。Facebookでの「いいね」によって社会を組織化することは、たとえその資本主義的外皮を剥ぎ取られたとしても、すくなくともいくつかの欠陥をもっているのだ。

おなじ力学がWikipediaプロジェクトでも働いており、資本主義の独特の性格を越えたところにある闘争のもうひとつの事例をそこにみることができる。原則的に、Wikipediaは、完全にデモクラティクでフラットな仕組みをもつ「万人が編集できるエンサイクロペディア」を謳っている。ところが実際には、さして無構造でも平等主義的でもない。ひとつにはそこに社会の不平等がふたたび刻印されているからである。Wikipedia編集者の圧倒的多数は白人男性であり、Wikipediaの内容もこれを反映しているのだ。二〇一〇年の調査によれば、女性の編集者はわずか一三パーセントである。したがってフェミニズム文献のような項目は、『ザ・シンプソンズ』のマイナーな脇役よりも情報に乏しいのである。

資本主義が終わったとしよう、さらに家父長制とレイシズムも消えたとしよう。それでも対立の可能性が消えたわけではない。意見のちがい、利害関心の摩擦、人格間の衝突は、どのような世界でも存在するだろう。Wikipediaは、伝統的なエンサイクロペディアや資本主義的ビジネスのようには運営されていない。ところが、そこにはいまだヒエラルキーがある。つまり、そこには管理人、編集人、調停人の複雑な官僚機構があって、さまざまな力でもって審査手続き《スクリーニング》をすりぬけたり、ユーザーをブロックしたり、アーティクルを消去したり、ファイルを移動させたり、他のサイトとリンクさせたりしているのである。

そうした機構がうまく作動して、破壊行為や他者を侮辱する悪意ある書き込み、あるいは自己利益的な動機から歴史を書き換えるような行為を阻止することもある。しかし、それらにはまた副作用もあって、あたらしい編集人の参加を挫き、その編集人の裾野を拡大したり多様化したりすることを妨げてもきた。『アメリカ行動科学者（American Behavioral Scientist）』誌のある研究は、Wikipediaの編集人は二〇〇六年の五万人から二〇一一年の三万五千人に低落していると観察している。この論文の著者たちは辛辣である。Wikipediaは「諸規範を理解し、みずからを適合させ、準自動化した匿名のリジェクションの壁をかわし、それでも自発的にみずからの時間とエネルギーをつぎ込むことのできる人ならだれでも編集可能なエンサイクロペディアとなった」。[*28]

ビットコイン、ドッジズ、ウッフィー

現代のドクトロウの著作の読者にすれば、非国家通貨——とりわけ暗号通貨ビットコイン——にあらためて注目の集まるいま、「ウッフィー」というコンセプトはかつてなく時代と共鳴しているようにみえているかもしれない。人為的に稀少化されているが、それでも伝統的貨幣や銀行システムとひもづけられていないポイントシステムを維持する会計システムとして、ビットコインは一定のかぎられた経済的利益を生む。ところが

ビットコインは、メディアによる誇大宣伝のわりには、いまのところもっと地味ないくつかのオルタナティヴ通貨よりも、重要度は低いかもしれないのだ。

ビットコインの支持者たちは、それが資本主義的貨幣にとってかわることを望んでいる。つまり、ビットコインは物財やサービスの交換媒体であるべきだし、財やサービスと引き替え可能な価値の蓄積手段でもなければならないというのである。いいかえれば、人びとにビットコインを支払手段として利用するよう説得するためには、ビットコインには価値がありこれからも価値がありつづけることを確信させなければならない。

ビットコインの布教者たちの多数が、国家によって創造も規制もされていないがゆえにビットコインは安定度の高い価値の蓄蔵手段であると信じている。この現実離れした固執は、金本位制に執着する旧世代の変人たちと実質的にほとんど変わるところがない。こうした固執ゆえに、ビットコイン・サブカルチャーは、危機、クラッシュ、不正、パニックだらけだった一九世紀の規制なき金融システムを素朴にも再現させてしまうのだ。通貨価値の乱高下は、ビットコイン支持者の信仰を裏切っている。いくつかの有力なビットコイン取引所が破綻し、クライアントの富をかっさらい、犠牲者はなんの救済もなく放りだされた。基準や規制の欠如の結果である。

こうして中央銀行と政府規制の必要があらためて見直されているわけだが、小賢しいリバタリアン連中を笑うのはいいとしても、それがわたしたちの未来についてなにか教えてくれるかというと、ほぼなにも期待できない。しかし、伝統的通貨のなかにあって最も交換価値があり、最も広く宣伝されているのはたしかだとしても、ビットコインだけが暗号通貨というわけではない。ライトコインとかクオークコインとか呼ばれているような、ビットコイン・コードのわずかずつ異なるヴァージョンをもとにした競合通貨が、おびただしく存在しているのである。これらの多くが、活躍の機会をうかがっているライバルであって、投機家がその競合を促進している。そして、それらは伝統的な「パンプ・アンド・ダンプ」——株式市場の価格をつりあげては売り抜くといったペテン——と、ほとんど変わるところがない。具体的には、ひとにぎりの宣伝屋がある会社の価値をつりあげ、それ以外の人間がその価格を上乗せする、そして、おめでたい連中が事態を理解する以前に、みずからの手持ちを売り払う、といったやり方のことである。しかしながら、本章の目的にとって最も興味深い暗号通貨は、ふつうばかげた冗談とみなされているもの、すなわちドージコインである。その栄枯盛衰をみれば、それがまだ準備のできていない社会に時期尚早に導入された有望な仕組みであったことがわかるだろう。

ドージコインは、その名を文法無視の熱い感嘆文にかこまれた柴犬の絵をあしらったウィルス的インターネット・ミームからとっている。本書の公刊の頃には、読者たちはこのミームをもうおぼえていないかもしれない。そしておなじことは、ドージコインにもいえるだろう。ドージコインは、ビットコインとドージ［ミーム］が人気だった二〇一三年の後半にはじまった。しかしそれをめぐって立ち上がったコミュニティは、オルタナティヴ貨幣総体の本当の意義について、なにか重大なことを語ってくれている。[訳注]

USドルでその価値を尺度するドージコインは、けっしてビットコインを脅かすものではなかった。しかしそれは、この通貨の中心をなす用途にとっては重要ではない。開始から数ヶ月間で、ドージではサトシ（ビットコインはときにその謎めいた発明者へのオマージュとしてこう呼ばれる）よりも、もっと日常的でユニークな取引きがおこなわれていた。[*29] そしてその理由は、ドージコインが、ビットコインとはきわめて異質な需要を充たしていた点にある。それは伝統的な資本主義的な通貨とはかけ離れ、事実上ウッフィーにより近接していたのである。

技術的にいえば、ドージコインとビットコインはほぼ同一である。だがそのイメージは、ドージコインの意義を誤解させるものだ。ドージコイン・コミュニティの社会学は

「ビットコインのそれとは」まったく異なっているのであり、ドージコインが解決を与える問題もおなじく「ビットコインのそれとは」まったく異なっているのである。

ドージコインを理解するためには、人びとが一般に、それでもってなにをしているのかを理解する必要がある。ドージコインは、価値財の購入に使用されることもあるが、最も普及している用法は「チッピング(tipping)」である。「チッピング」とは、別のインターネット・ユーザーの、気が利いていたり有益であったりする貢献に対する

訳注　もっとも有名とされるドージミームについては、上の画像を参照。

評価として、少額のドージコインを送金するという行為を指す。ドージコイン一枚がUS通貨でわずか一セントにすぎないという事実が、これをまた後押ししている。

ドージコインのチッピングは、こうした送金を実行するための使いやすいプラットフォームを実現したRedditやTwitterでとくに普及した。この点では、ドージコインのチップは、Redditのアップヴォート（upvoting）やTwitterのリツイート機能の拡張である。ただし、それが、こうした機能をサイトからサイトへと携帯可能《ポータブル》なステイタスの一形態としての共通通貨へと転換させている点が異なるのであるが。ドージコインは、伝統的な通貨の焼き直しではなく、境界によって隔てられた多数のドメインをまたがって評判のカルマを橋渡しする方法なのである。[訳注]

大いに注目を浴びた当初、メディアの大部分は、ドージコインをビットコインと重ねてみていた。そこでは投機的資産、オフラインでの貨幣的価値の蓄蔵としての機能が強調され、伝統的通貨の観点からその交換価値の維持が可能であるかどうかに多くの関心がむけられたのである。つきつめていえば、それはドージコインの死であったといえる。これを書いている時点で、ドージコイン・コミュニティは危機に瀕している。おおむねその理由は、それを伝統的貨幣に現金化可能であるビットコインのような投機的媒体にしようとしたひとりの大投資家が多大なる影響力をふるったがゆえである。*30

総じていえば、ドージコインとそれが表現しているインターネット文化やインターネット上のヒエラルキーの世界は、いかなるユートピアにもひそむ複雑さにまつわる教訓を与えてくれている。わたしたちの生活を組織化する支配的《マスター》コードとしての貨幣や稀少性を取り去ったとしても、だからといって生活は単純になるわけでも退屈になるわけでもない。というのも人間は、そうなるにはあまりに複雑すぎるからである。むしろ、それによって生活は想像できないほどまでに入り組んだものになるだろう。しかし、だとしても［この世界は］依然としてユートピア的とみなされるべきだとおもう。とりわけ次章で記述する世界との比較においては。

ウッフィーをもとめたり、Wikipedia の官僚制と闘ったりで、ユートピアとしては失望を誘うかもしれない。ドクトロウ自身、ウッフィーは「恐るべき通貨となりうる」と

訳注　ここでカルマ（karma）とは英語版 2ch ともいわれる Reddit などにおける用法を踏襲している。つまり、Reddit においてカルマとは、いいねを意味する upvote の総数からいいねの逆 downvote の総数を差し引いたものである。

述べているし、かれの創造する世界もきわめて暗いものである。まさに、評判による経済（reputational economy）が、資本主義的通貨の磁力のごとき支配的《マスター》ヒエラルキー的性格の模倣をはじめることもありうるからだ。[*31]

しかし、だとしても、ここで描いてきたコミュニスト社会は、不完全ではあるものの、すくなくともそこでは、もはや労働者と資本家の対立とか稀少な資源をめぐる闘争に社会の対立が基礎をおいていない。この社会では、すべてが究極的には貨幣に帰着するといったこともない。コミュニズム社会にも、ステイタスのヒエラルキーがあるのは確実である。その点では、資本主義社会もそれ以外の社会も変わらない。しかし、資本主義においては、すべてのステイタスのヒエラルキーが資本と貨幣という支配的ヒエラルキーと――不完全かもしれないが――むすびつく傾向にある。ポスト稀少性の社会の理想は、多様な種類の尊敬《エスティーム》が自律しており、たとえばだれかがミュージシャンとしてもたれる尊敬は、政治的アクティヴィストとして勝ちえた評価とは独立していて、あるひとつのステイタスを利用して別のステイタスを買い取ることのできない、そのような社会である。それゆえ、ある意味で、これを「平等主義的」組織とみなすのも誤りである。実際には、それは、ヒエラルキーのない世界ではなく、多数のヒエラルキーからなる世界なのであるから。だが、そのヒエラルキーのいずれかがそれ以外のヒエラルキーに優越するといったことがないのである。

原注——第一章

＊1　Kurt Vonnegut, *Player Piano*, New York: Charles Scribner's Sons, 1952, p. 302.〔浅倉久志訳『プレイヤー・ピアノ』ハヤカワ文庫ＳＦ、一九八〇年〕

＊2　Ibid., p.61

＊3　Karl Marx, "Afterword to the Second German Edition" in *Capital, Volume I*, Marxists.org, 1873.〔岡崎次郎訳「第2版後記」『マルクス＝エンゲルス全集　第二三巻　第一分冊』大月書店、一九頁〕

＊4　Karl Marx, "The Trinity Formula" in Capital Volume III, Marxists. org, 1894.〔岡崎次郎訳『マルクス＝エンゲルス全集　第二五巻　第二分冊』〔『資本論』第三巻（下）〕大月書店、一九六七年、一〇五一頁〕〔引用は田畑稔『マルクスのアソシエーション論』一五七―一五八頁より〕

＊5　Ibid.〔同前〕

＊6　Ibid.〔同前〕

＊7　Karl Marx, "Part 1" in *Critique of the Gotha Programme*, Marxists.org, 1875.〔山辺健太郎訳「ゴータ綱領批判」『マルクス＝エンゲルス全集　第一九巻』大月書店、二一頁〔訳文には変更を加えている〕

＊8　John Maynard Keynes, "Economic Possibilities for Our Grandchildren (1930)," *Essays in Persuasion*, Whitefish, MT: Kessinger Publishing, 2010, pp. 358–73.〔宮崎義一訳「わが孫たちの経済的可能性」『ケインズ全集9　説得論集』東洋経済新報社、一九八一年、三九五頁〕

＊9　Theodor Adorno and Max Horkheimer, *Towards a New Manifesto*, New York and London: Verso Books, 2011, pp. 30–31.

＊10　Clemens Hetschko, Andreas Knabe, and Ronnie Schöb, "Changing Identity: Retiring from Unemployment," *Economic Journal* 124: 575, 2014, pp. 149–66.

＊11　Clemens Hetschko, Andreas Knabe, and Ronnie Schöb, "Identity and Wellbeing: How Retiring Makes the Unemployed Happier," VoxEU.org, 2012.

＊12　Ibid.

＊13　Zeynep Tufekci, "Failing the Third Machine Age: When Robots Come for Grandma," Medium.com, 2014.

＊14　Gøsta Esping-Andersen, *The Three Worlds of Welfare Capitalism*, Cambridge, UK: Polity, 1990〔岡沢憲芙・宮本太郎監訳『福祉資本主義の三つの世界——比較福祉国家の理論と動態』ミネルヴァ書房、二〇〇一年〕

＊15　André Gorz, *Strategy for Labor*, Boston, MA: Beacon Press, 1967〔小林正明、堀口牧子訳『労働者戦略と新資本主義』合同出版、一九七〇年〕

＊16　Ibid.,p.6〔同前、一一—一二頁〕

＊17　Ibid.,pp.7-8〔同前、一二—一三頁〕

＊18　Robert J. van der Veen and Philippe van Parijs, "A Capitalist Road to Communism," *Theory and Society* 15: 5, 1986, pp. 635–55.

＊19　Ibid., p. 637.

＊20　Ibid.,p.645.

＊21　Ibid.,p.646.

＊22　André Gorz, *Critique of Economic Reason*, New York and London: Verso Books, 1989, p. 169［真下俊樹訳『労働のメタモルフォーズ　働くことの意味を求めて――経済的理性批判』緑風出版、一九九七年］

＊23　Van der Veen and Van Parijs, “A Capitalist Road to Communism,” p. 646.

＊24　Corey Robin, “Socialism: Converting Hysterical Misery into Ordinary Unhappiness for a Hundred Years,” CoreyRobin.com, 2013.

＊25　Pamela Chelin, “Rebecca Black Fighting Ark Music Factory over ‘Friday,’” Cnn.com, 2011.

＊26　Cory Doctorow, *Down and Out in the Magic Kingdom*, New York: Tor Books, 2003［川副智子訳『マジック・キングダムで落ちぶれて』ハヤカワ文庫、二〇〇五年］

＊27　Ibid.,p.10［同前、一五頁］

＊28　Aaron Halfaker et al., “The Rise and Decline of an Open Collaboration System: How Wikipedia’s Reaction to Sudden Popularity Is Causing Its Decline,” *American Behavioral Scientist* 57: 5, May 2013, p. 683.”

＊29　Tom McKay, “Bitcoin vs. Dogecoin: Which One Is Really Worth More?” Mic.com, January 14, 2014.

＊30　Kevin Collier, “Meet Moolah, the Company That Has Dogecoin by the Collar,” DailyDot.com, July 7, 2014.

＊31　Cory Doctorow, “Wealth Inequality Is Even Worse in Reputation Economies,” LocusMag.com, March 3, 2016.

第二章　レンティズム――ヒエラルキーと豊かさ

チャールズ・ストロスの二〇〇五年の小説『アッチェレランド』は、二一世紀のいまからそう遠くない時点からはじまる。[*1] 主人公であるマンフレッド・マックスは、アメリカ著作権管理協会の執行官である「マフィヤ（Mafiya）」――著作権のあるマテリアルの不正なデジタル配信を取り締まっている――に追われている。武装した警備員や禁止命令に直面したかれは、当意即妙に企業法務をあやつることで、窮地を脱している。

インターネット上でデータ配信する人びとを武装したならず者たちが捕縛するという発想は、この小説の公刊以降に現実味を帯びてきた。マックスの頭の切れる理想主義的ハッカーというキャラクターも、いまではアーロン・スワーツを彷彿させる。スワーツは活動家かつプログラマーであったが、二〇一三年に二六歳の若さで自殺をした。アカデミーのデータベースからあまりに多くの論文をダウンロードしたという廉《かど》で、莫大な裁判費用と多額な罰金の支払い、そして二五年の懲役刑に直面していた。マンフレッド・マックスとはちがい、かれは脱出口をみいだすことができなかったのである。[訳註]

この章では、知的財産とそれを保護する法（スワーツが起訴された法律のような）についてみていく。前章では、混じり気のない豊かな社会におけるユートピアの可能性について述べたが、本章では、その可能性が存在するにもかかわらず、硬直化した階級構造とそれを維持しようとする国家権力が障壁となることでなにが起こるかについて論じる。後述するように、知的財産とそれに付随するレントは、そのディストピアの中心的なカテゴリーとなる。

政治と可能性

主流の経済的議論のほとんどにつきまとう誤りは、生産における人間労働が技術的に不必要になったならば、不可避にそれが消滅するという想定である。しかしながら、資本蓄積と賃労働のシステムは、効率的な生産のための技術的装置でもあると同時に、権力のシステムでもある。他者に対する権力をもつということは、権力の座にある多数の人びとにとって、それ自体が報酬なのだ。それゆえ、かれらは、他者がみずからに奉仕するそのようなシステムを努めて維持しようとする。たとえそうしたシステムが、純粋に生産的な視点からすれば完全に余分なものであるにしても。それゆえ、本章は、現在の経済的エリートが、完全なる自動化の環境においてもなお、いかにみずからの権力や富を保全しうるのか、それを議論する。

ハーバード大学の労働経済学者リチャード・フリーマンはこう述べている。「ロボットを所有する者は、世界を所有する」[*2]。それゆえ、豊かさを生産する諸技術が少数のエリートに独占されるような世界は、第一章で論じたコミュニズム社会とは対立している。

訳注　Aaron Swartz (1986-2013)：『ローリング・ストーン』誌の追悼記事（https://www.rollingstone.com/culture/culture-news/the-brilliant-life-and-tragic-death-of-aaron-swartz-177191/）より。

「二六歳の時点で、アーロン・スワーツはテクノロジーとアクティヴィズムの世界を橋渡しする並外れた人物としての地位を確立していた——かれは、とどまることを知らぬ好奇心と、情報こそがもっとも価値のある通貨であり、だれからも奪われてはならない富であるという信念に突き動かされた、ひとりの青年であった。一〇代の頃にプログラミングの天才だったかれは、オンラインで情報を自己発信することができる、いまでは普及したツールであるＲＳＳの開発に携わり、一九歳の時にはコンデナスト社に買収されたソーシャルニュースサイトReddit の創設者の一人として、ビールを堂々と飲める年齢に達する前に億万長者になってしまった。それ以来、かれは政治や束縛のない接続の力に関連した数々の問題についての、精力的で革新的な擁護者となった。たとえば二〇一一年には、インターネット上の検閲を事実上合法化する法案、オンライン海賊行為防止法案 Stop Online Piracy Act（ＳＯＰＡ）を阻止するキャンペーンを成功させた」。

しかしながら、所有権（ownership）の概念も、高度に自動化された世界では異質な色合いを帯びている。ここでいう「ロボットを所有する」とは、鉄と鋼の物理的束を支配《コントロール》するといったことを意味していない。むしろ、このフレーズは、ソフトウェア、アルゴリズム、ブループリント、その他の情報——この世界を生産し再生産するために必要な——のようなもの［非物質的マテリアル］に対する支配を、隠喩的に表現しているのである。それゆえ、富を有する者にとって、経済を支配しつづけるには、たんに物的対象のみならず、この情報を支配することがますます必要なのだ。

このすべてが、知的財産にかかわるもろもろの法に強力に依存する——本章で記述される——システムにつながっている。物的財産権とは異なって、知的財産権は、物的対象の占有の権利のみならず、諸パターンのコピー行為に対する管理権《コントロール》をも規定するものである。それゆえそれは、たとえば、ほとんどの対象が安価にたやすく3Dプリンターでコピーしうる世界でも存続できる。著作権と特許権を最も多く所有する者が、あらたなる支配階級となっているのだ。しかしこのシステムはもはやこれまでに理解されていたような資本主義ではない。商品生産を通した資本蓄積よりはレントの抽出に基盤をおいているがゆえに、それを「レンティズム」と呼びたい。

レントのアート

わたしは「レント」の語を厳密な意味で用いている。つまりリカードのような古典派経済学者を淵源とし、マルクスもとりあげた伝統にしたがっている。もとはといえば、それは、とくに土地の所有者への支払いを指しており、〔土地以外の〕財産所有者に流れ込んでくる支払いとは区別されていた。〔そこにひそむ〕最も重要な洞察とは、土地そのものはだれが生産したものでもないということである。土地で育つ農産物、あるいは土地の上に建つ工場ならば、人間によって生産されうる。だが、自然の恵みとしてある土地にはそれ自体の価値が存在する。したがって、ある土地の所有権を主張できる者はだれでも、その土地を活用することに対してではなく、所有物たるその土地へのアクセスを支配しているというその事態だけに支払いを要求できるのである。

土地所有者への「地代（ground-rent）」にかんするもともとの理論は、いまだ農業に支配されていた社会の文脈で発展した。〔それゆえ〕近代経済において、レントの概念は、必然的に拡張され、より抽象的になった。所有者によるいかなる活動もなく収入を発生させるには、それ［地代］以外にも多数の方法がある。このタイプの財産所有者は、伝統的に資本家ではなく、「レンティアー」である。この用語は、当初、一九世紀フランスで、利払いで生活できる国債の所有者を指すために広く用いられていた。こうした人たちは労働者でも資本家《ボス》でもない。一八九三年の著作『古いパリ、あたらしいパリ（*Old and New Paris*）』で、イギリスのジャーナリストであるヘンリー・サザーランド・エドワーズは、レンティアーを「事業《ビジネス》から引退した人間」になぞらえている。[*3]

古典的なレンティアーは、一般的に、慎ましい富を保有する者として描かれていた。このイメージは今日、年金収入でやりくりしている倹約家の退職者として生き延びている。一般的に抱かれているかれらのイメージといえば、国債や銀行の利率の低さにぶつくさ文句をつける人物といったものである。しかしながら現実には、レントからの収入は大部分、ひとにぎりの富裕層によって独占されている。このことはレントを生む資産の全体を検討するとあきらかになるはずだ。レントは土地や国債から生まれるのみならず、株式ポートフォリオや知的財産からも生まれるのである。

レントやレンティアーの存在はつねに、資本主義の擁護者にとっては厄介のタネであった。生産諸手段を支配する資本家《ボス》が必要であることを正当化するのは比較的かんたんである。というのも、生産の組織化であれ製品の考案であれ、あるいは、たんなる経済的リスクの負担であれ、とにかく資本家たちはなにごとか仕事をしていると主張できるのである。ところが、レンティアーはなにも生みださないし、なにもつくらない、なにもしない。かれらはたんに、所有権からの報酬を受動的に受け取るのみである。財産を所有するだけでえられるレントに課税をおこなえという要求が歴史的につねにみられるのは、このためである。それは、なにごとか仕事をすることからえられる利潤と対立するものと捉えられているのだ。

この政策をその理論や提案の中核にすえた、一九世紀の経済学者ヘンリー・ジョージに端を発するひとつの知的伝統が存在する。一八七九年の著書『進歩と貧困』で、かれはこう主張した。収入の不平等［所得格差］の問題に対する「真の解決策」は、「土地を共通財産にする」以外にはない、と。要するに、当時存在したレントの最大の源泉を除去することを提唱したのである。[*4] かれの同時代の追随者たちも同様に論じている。土地は「人間労働の産物ではなく……あらゆる生産に必要である」がゆえに、私的に所有された土地へのすべてのレントは、課税によって吸いあげて公共の利益のために利用されねばならない、と。[*5]

レンティアーの存在はまた、偉大なる経済学者ケインズを悩ませた。『雇用、利子、および貨幣の一般理論』の有名な節において、かれは利子率――つまり資本所有へのリターン――について、こう論じている。「今日、利子は正真正銘の犠牲に報いる報酬ではない。この点は土地のレント〔地代〕と同様である」[*6]。ケインズによれば、利子とは稀少な生産的資源の所有者への報酬にすぎない。かれは「レンティアー〔金利生活者〕の安楽死、無機能の投資家の安楽死」を望み、それを要求した。そしてかれは、社会が十分に富み、これらの資源がもはや稀少でなくなれば、それも可能だと信じていたのである。[*7]

稀少性と財産

本書が投げかける問いの中心に稀少性がある。テクノクラート的リベラルであったケインズは、もし財産所有者への利子の支払いが稀少性によって正当化できないのであれば、それは消滅すべきであるし、消滅するだろうと信じていた。この観点からすれば、そもそも資本主義的市場経済の存在の唯一の理由は、だれもが欲しいだけ手に入れることができない状況下で、稀少な財を配分することにある。レントがこの経済的目的に奉仕できないとしたら、なぜそれが存在すべきなのだろうか？

しかし、この議論は私有財産を基盤にした社会の核心にある権力闘争を無視している。財産所有者の観点からすると、みずからの富が経済理論なり社会的福祉なりの理由で正当化されようがされまいが、ほとんどどうでもいいお話だ。かれらはただただみずからの財産の保持を望んでいるのだから。そしてそれとおなじぐらい重要なことがある。かれらがこの財産の価値が維持されることを望んでいるということだ。

ここで若干脱線して財産そのものの性格について、立ち入ってみたい。特定の財産をなにが価値あるものにするのかを理解する以前に、そもそもそれを財産に仕立てるものはなにかを知る必要がある。資本主義の擁護者たちにとっては、財産は自然に生まれる事実であるかのようにみせかけることがたいてい好都合なわけだが、実際には、国家権力によって切り分けられ強制されなければならない社会的構築物なのである。そして物理的・社会的世界のすべてがその各々に所有者の名をタグづけ、個別部分に分割されることができるという発想それ自体が、長年をかけて骨を折りながら構築される必要のあった資本主義のイデオロギー的インフラの一部なのである。

この論点は、初期のイギリス資本主義やいわゆる「共有地《コモンズ》の囲い込み」をめぐる議論によって説明されることが多い。中世においては、土地はおおよそ共有資源とみなされていた。地域住民は干し草を刈ったり、家畜を放牧したり、その土地をさまざまな目的のために使用できた。この土地の「囲い込み」とは、もともと字義通り任意の土地の一角を杭で囲ってアクセスを妨害することを指していたが、のみならず、共同体がアクセス権を有している対象から大土地所有者の支配する私有財産——大土地所有者はそれゆえ自由に他者を排除してその使用を禁ずることができる——へと、土地を法的に転換するその過程をも指している。

土地のコモンズをめぐる闘争は今日もつづいている。ブラジルの土地なし農民の運動は、二〇〇三年にルラを政権につける弾みのひとつとなったわけだが、放置された私有地を所有者から取り上げ共有財とみなすべきという要求によって、その支持を積み上げてきた。この要求は、ブラジル憲法の条項「財産は社会的機能を充たすべし」という条項に沿っておこなわれた。それに対して、企業のビジネスマンのなかには、地球の外で土地を囲い込もうともくろむ人びともすでに存在している。二〇一四年の『ディセント』誌における、レイチェル・リーデラーによるビゲロー・エアロスペース［膨張式の宇宙ステーションモジュールを手がけるアメリカ合衆国の宇宙ベンチャー企業」にかんする報告によれば、この企業は「未来の月戦略をめぐる「不干渉地帯」」〔の設置〕に、政府の認可を要求している。[*8] 月の表面の囲い込みも時間の問題かもしれない。それに、大気圏外の旅行をおこなう国々は、月の表面の所有を禁じた一九七九年の月協定[訳注]をいまだ批准していないのだ。

とはいえ、今日、土地の完全なる私有化も、すくなくとも豊かな国々では、ほとんど自明とみなされている。財産の意味や範囲をいかに規定するかをめぐる論争は、とりわけ、いわゆる知的財産をめぐる論争においては、別のかたちでつづいている。「財産」という概念がどれほど可塑的であるか、知的財産の定義そのものがそれを示

訳注　「正式には「月その他の天体における国家活動を律する協定」。一九七九年一二月五日に国連総会で採択され、一九八四年七月一一日発効した。月の探査活動における国際法の遵守、国際協力、月の非軍事化、取得の禁止、科学調査の自由、月の探査活動における着陸・配置・移動の自由、環境の保全、国家の責任、査察の自由などについて規定する。当事国は少なく、日本はアメリカやロシアと同様に加入していない。月の天然資源を律する国際制度については、開発が可能になるまでたなあげされている」（『ブリタニカ国際大百科事典小項目事典』より）

唆している。その擁護者は、知的財産について、あたかもそれ以外の財産と同様のものとして語るが、実際にはまったく異なる原理に基礎をおいている。ミケーレ・ボルドリンやデイヴィッド・K・レヴィンのような保守的リバタリアンの経済学者にとってすら、このことはイライラのタネだ。共著『知的独占に抗して（*Against Intellctual Monopoly*）』をはじめとする著作で、かれらは、知的所有権と土地や物理的対象における所有権とはまったく別物であると指摘している。*9

知的財産に対する権利は、つきつめていえば、具体的なモノに対する権利ではなく、パターンに対する権利である。つまり、その権利は、わたしの靴や家を自由に支配するわたしの権利が保護されるのとおなじように、「わたしのアイデアのわたしによるコピーを自由に支配するわたしの権利」を保護するだけにとどまるものではない。むしろそれは、だれかの「所有する」アイデアのコピーがいかに使用されるべきなのか、その方法を他者に命じる権利を認めるものなのだ。ボルドリンとレヴィンいわく、

> これ［知的財産の権利］は、それ以外のタイプの財産所有者にふつうないし自動的に認められる権利ではない。わたしが一杯のコーヒーを生産したとする。そうする

とわたしはそれをあなたに売るかじぶんで飲むか、選択する権利をもつことになる。しかし、その所有権は、コーヒーを売るのみならず、それをどう飲むかを命じることができる権利を自動的に付与するわけではない。[*10]

このような［知的］財産の形態はけっして目新しいものではない。著作者の権利は、一七一〇年以来イギリス法の一部であったし、合衆国憲法ははっきりと「著者と発明者に一定の期間、その著作物や発見物への独占的権利を保証することで、科学と有益な技術の進歩を促進する」政府による権利を定めている。しかし、知的財産の価値は上昇しており、経済の物的生産性が成長するにつれて、その重要性はさらに増していくことが予想される。

囲い込みをめぐる闘争を彷彿とさせるがごとく、知的財産のさらなる領域への拡大をめぐっては抗争が継続中である。ファッションデザイナーはこれまで、米国でデザインの著作権を行使することができなかった。だが大物デザイナーや議員連盟は、安価な模造品の衣服や靴のメーカーを訴訟にかけることを可能にする法制を推進している。もっと不吉なのは、知的財産権の保護を自然そのものにまで拡大する動きである。二〇一三年のボウマン対モンサント社の［裁判の］判決で、合衆国最高裁は、ヴァーノン・ボウマンというインディアナの農場主の有罪を支持した。かれはアグリビジネスの巨大企業モンサント社が保持している特許権を侵害したとされたのである。[*11] ボウマンの犯罪とは、除草剤に耐性をもつよう組み換えられた「ラウンドアップ・レディー」遺伝子をふくむ大豆の種子を植えたことである。[訳註] この判決により、モンサント社は農家に対し、前年の作物の種子を使用するのではなく、毎年あらたに種子を購入するよう強制することが可能となった。

それ以外の場合でも、同様に、物的対象に対する所有権は、それと非物質的な知的財産の所有権の主張がむすびついているがゆえに、変容を被っている。規制当局が二〇一〇年に適用除外を発表するまで、デジタルミレニアム著作権法［一九九八年に成立施行された米国の連邦法］の規定は、iPhone所有者に、デバイスを「脱獄」させ、あたらしいソフトウェアをインストールすることをはっきりと禁じていた。同様の訴訟が、現代の自動車をはじめとする移動媒体で作動するソフトウェアを所有者が改変する権利をめぐって展開されている。たとえば、ディア・アンド・カンパニー［世界最大の農業機器メーカー］は政府機関に、農場主たちがトラクターに搭載されているソフトウェアを改良したり修理したりするのを非合法と訴えている。だれも本当の意味ではそのトラクターを所有しているわけではないからというのが、ディア・アンド・カンパニーの掲げる理由である。農場主たちはたんに「乗り物を操作する……想定上のライセンス」を保有しているだけというわけだ。所有形態はこのように変容をきたしている。それゆえトラクターのような物質的なものですらも、その購入者の物理的財産ではなく特定期間のあいだライセンスされたパターンであるにすぎないのである。

これらのことが意味しているのは、知的財産が資本家階級の保持する財産の構成要素として重要度を増しつつあることである。わたしたちがグローバルな「一パーセント」やその富について語るとき、たんに土地や工場、あるいはスクルージ・マクダック（Scrooge

訳注 ラウンドアップ（Roundup）は、一九七四年にアメリカ企業のモンサント社が発売した除草剤である。主成分であるグリホサートが猛毒であるとされ、二〇一五年には国際がん研究機関（WHOの下部組織）が発がん性の可能性を指摘、二〇一七年には米国政府の研究によって急性骨髄性白血病との関連が発表されている。ラウンドアップ・レディー（Roundup Ready）とは、遺伝子操作により、ラウンドアップに耐性を有する遺伝子組み換え作物の総称である。日本では大豆、トウモロコシ、ナタネ、綿《わた》、テンサイ、アルファルファ、ジャガイモのラウンドアップ・レディー品種の一部使用が認可されている。

McDuck）の金貨のプール［スクルージ・マクダックはディズニーのキャラクター。ドナルドダックのおじさんで大金持ちのかれは、大量の金貨の保管された金庫をプールに見立てて泳ぐことを趣味としている］の所有について語っているわけではない。多くの場合、その価値が非物質的で知的な財産形態に支えられた、株式や債券について語っているのである。

欧州特許庁が二〇一三年に発表した報告書では、「（知的財産の）権利集約型産業」は、ヨーロッパのGDPの三九パーセント、輸出物のなんと九〇パーセントを占めているとされている。[*12] 同様に米国商務省は、知的財産集約型産業（intellectual property–intensive industries）が国内のGDPの三五パーセントを占めていると推定しており、この数字は今後も上昇しつづけるだろう。[*13] これには、大手製薬会社やエンターテイメントのようにあきらかに知的財産に依存したビジネスだけではなく、アパレル製造業のようなものもふくまれている。たとえば、ナイキのように、その商標《トレードマーク》の価値が、それが縫いつけられた物理的な靴［そのもの］の価値をなんなく凌駕することもあるのだ。最も物質的にみえる石油ビジネスですら、シェルのような企業の保持する膨大な数の特許権をみれば、ある意味では「知的財産集約型産業」とみなすことができる。

知的財産の重要性は、国家の抑圧装置にかんしても失われたりはしない。二〇一〇年の『フォーリン・アフェアーズ』誌の記事でウィリアム・リン米国防副長官は、軍隊の「サイバーストラテジー」を、はっきりと米国企業への知的財産の価値という点から論じている。[*14] かれは「知的財産への脅威は重大な国家的インフラへの脅威よりも劇的ではないが、米国が長期にわたって直面するであろうもっとも重大なサイバー攻撃である」と予測し、「依然としてつづく知的財産の喪失が米国の軍事的有効性やそのグローバル経済における競争力をむしばみかねない」と警告する。[*15]

リンが知的財産の「損失」について語るときになにを念頭においているのか、立ち止まって検討する価値がある。かれの報告によれば、Googleは「同社の企業インフラに対して行使された巧妙な作戦の結果として、知的財産を喪失してきたことを公表した」。[*16] 要するに、何者かがそのコンピューター・ネットワークにアクセスして、コピーする権原のないなにかをコピーしたということだ。しかしおそらくGoogleは依然として「コピー元の」情報を保有しているはずだ。ハッカーがそれをサーバーから削除し、バックアップも残されていないとは考えにくい。これを物的財産に対するのとおなじ語彙をもって「損失」とするのは、せいぜい隠喩上の拡張にすぎない。実態はといえば、パターンの不正コピーである。損失を被ったものは、未来の企業収益の可能性のみなのだ。

この区別をあいまいにするのが、知的所有権過激主義者（intellectual property maximalists）のいつものやり口であるが、それが人間に、甚大なるダメージを与えることもある。インディアナの農場主ヴァーノン・ボウマンは、モンサントの訴訟で、八万五千ドルの損害賠償に直面している。音楽の不正ダウンロードで訴訟を起こされた人たちも、人生を破綻させられるほどの多額の罰金にさらされている。たとえば、二四曲の楽曲をシェアしたことで二二万ドルの罰金を課せられた［ミネソタ州］ミルラクス居留地のオジブウェ族出身の［ジェイミー］トーマス＝ラセットのように。[訳注] そしてもちろん、出世主義的な検事と常軌を逸した知的財産制度の殉教者であるアーロン・スワーツがいる。

反『スター・トレック』

これまでにみたように、『スター・トレック』は、平等主義的なポスト稀少性社会の寓話とみることができる。しかし、そこに平等主義がないとしたらどうなるだろうか？つまり、レプリケーターが可能にした物質的豊かさのなかで、それでも貨幣、利潤、階級権力に基盤をおくシステムを維持することはできるのだろうか？

資本主義的市場経済は、それが稀少財を配分するために活用されるときに最適に機能する、と経済学者たちはいいたがるものである。それでは稀少性がおおよそ克服されうるような世界で、資本主義はいかにして維持できるのだろうか？　ここで、『スタートレック』の世界のいわば対立像《アンチテーゼ》、すなわち『スター・トレック』の世界と同一の技術的諸条件こそ共有しているものの、それとは異なる社会的関係のうちで機能させている反『スター・トレック』の世界が必要となる。

すでに指摘したように、知的財産はそれ以外の財産とは異質である。というのも、それがたんに具体的対象だけでなくパターンとこうしたパターンのすべてのコピーや使用に対する権利を与えるからである。さて『スター・トレック』の場合、インフラ全体が

訳注　ジェイミー・トーマス＝ラセット（Jammie Thomas-Rasset）は、ミネソタ州で四人の子どもをもつシングルマザーである。ファイル共有サービスの Kazaa（現在は破産して存在しない）で二四の著作権つきの曲をダウンロードしシェアしたとして全米レコード協会より訴えられ、二〇〇七年の公判で二二万ドル（当時のレートでおよそ二五〇〇万円ほど）の罰金の支払いを命じられた。

レプリケーターに送り込まれ、物理的対象をつくりだす基礎として利用される、そのようなパターンに基盤をおいている。ちょうど設計図が家屋建築のガイドラインを与えるように。

これは、反『スター・トレック』の世界に経済的基盤を与える知的所有権法の特性でもある。つまり他者に対して、あなたが「所有する」アイデアやパターンのコピーをいかに使用するのかを指示する法的資格である。それでは『スター・トレック』とは異なり、だれもじぶんのレプリケーターへのアクセス〔権〕を保持しているわけではないとしてみよう。そしてレプリケーターへのアクセス〔権〕を獲得するには、使用権をあなたにライセンスする会社からそれを購入しなければならないとしよう。だれかからそのレプリケーターを譲り受けることも、だれかのレプリケーターでレプリケーターをつくることもできない。というのも、それはライセンス侵害であり、そのだれかをも法的トラブルに巻き込むことになるからである。さらに、あなたがレプリケーターでなにかをつくるたびに、あなたはそのなにかに対する権利を所有する人間にライセンス料を支払う必要がある。ジャン＝リュック・ピカード船長はおもむろにレプリケーターに接近しては「紅茶、アールグレイ、ホット」とリクエストする。しかし反『スター・トレック』

世界ならば、そこでホットのアールグレイのレプリケーターのパターンの著作権をもつ会社に支払いをせねばならないのだ（おそらくアイスのアールグレイが欲しければ、その権利を保有する別の会社に支払うということになろう）。

ウォーレン・エリスの『トランスメトロポリタン』のような一九九〇年代末からゼロ年代にかけてのコミックシリーズには、一種の反『スター・トレック』世界をみてとれるかもしれない。[訳注]この物語の主役はハードボイルドなジャーナリストであるスパイダー・エルサレムであり、かれの活躍するのは、いつと特定されない未来の暴力的で快楽主義的な薄汚れた世界である。スパイダーはレプリケーターに似ているがかなり風代わりで操作のむずかしい「メイカー（maker）」を所有している。あたらしいものを複製《レプリケート》するためには、原材料に加え「メイカーコード」のアップデートを待たなければならない。反『スター・トレック』モデルは、すくなくとも表面上は、資本主義的企業の利潤をいかに維持するかという問題を解決している。著作権カルテルに支払いをすることなく

訳注　『トランスメトロポリタン（Transmetropolitan）』はウォーレン・エリス（Warren Ellis）のサイバーパンク・コミック。一九九七年から二〇〇二年にかけてDCコミックスから公刊された。

自身のレプリケーターから必要を充たそうとするなら、だれもがアーロン・スワーツやジェイミー・トーマス＝ラセットのような無法者となるだろう。しかし、たえずライセンス料の支払いを強いられるのであれば、だれもがなんらかの方法でカネを稼ぐ必要がある。そして、このことがあたらしい問題を生むことになる。レプリケーターはあたりに転がっているわけだから、どのような物的生産においても人間労働の必要はない。だとしたら、どんな仕事がこの経済には存在するというのだろうか？　いくつかの可能性をあげてみよう。

複製《レプリケート》できる新奇なもの、あるいは既存のものの新ヴァージョンを考案し、それを著作権で保護し、将来のライセンス収入の基盤とする「クリエイティヴ階級」に属する人びとは必要だろう。しかし、それが大きな雇用源となるわけではない。なぜなら、際限なく複製可能なパターンを創造するのに必要とされる労働力は、同一の対象物がくり返し形成されるような物理的生産過程に必要とされる労働力よりも桁外れに小さいからである。しかも、クリエイティヴな分野でカネを稼ぐのはいまでもきわめてむずかしい。この仕事をやりたがっている人間はとても多いので、かれらはたがいに賃金を下げ合って、かつかつの《サブシスタンス》レベルにまでいたるであろう。こうして多数の人びとが、それに見合った対価を支払われることなしに、独立独歩で創造しイノベートすることになる。反『スター・トレック』世界の資本家たちは、おそらく不払いにおかれたクリエーターたちを調べ回り、有望におもえる新アイデアを探して、クリエーターから買い取り、そのアイデアを企業の知的財産にするのがよりコスパ《エコノミカル》にすぐれていると考えるだろう。

経済が知的財産を基盤とする世界では、企業はたえず「著作権や特許権の侵害」の廉《かど》で、たがいに訴え合っているだろうし、それゆえ、多数の法律家を必要とするだろう。これは人口の一定の部分に雇用を与えるだろうが、これもまた経済総体を支えるにはきびしい。とりわけ序章でみたようなテーマからすればそうである。すなわち、原則的にほとんどすべてが自動化できるということだ。『ジェパディ！』に出演したＩＢＭのコンピューター・プログラムであるワトソンは、すでに法律事務所のスタッフによる単純作業は自動化している。それに、少数の法律家に依存すればすむ一括処理の訴訟手続きをひねりだすような大規模な知的財産会社も、たやすく想像できる。ちょうどいま、オンライン動画上の著作権のある音楽を探しだしては削除を要請するシステムが存在するように。他方で、おそらく、それを埋め合わせる動きもでてくるだろう。だれもがかかりつけの弁護士をもっておく必要が生じるかもしれないのだ。自動法律家ソフトウェアのコストを引き受ける余裕が万人にあるわけではない。しかし、それでも侵害の申し立てによって巨額の損害賠償をえようとする企業からの訴訟と闘わねばならないからである。

時間がたつにつれ、複製可能なモノのリストは膨れていくいっぽうだろうが、ライセンスを購入する人びとの金銭が――そして複製したモノを享受する時間が――それに追いつくほどの速度で増大することはない。それゆえマーケティングがますます重要となる。というのも、企業利益にとっての最大の脅威は人件費や原材料費ではなく――それらはもうさほど、あるいはいっさい必要ない――所有するライセンスが競合相手のそれに人気の点で負けてしまうことにあるからである。それゆえコーク対ペプシとかフォード対トヨタなどのような、自社の知的財産を競合相手のそれよりもすぐれたものとしてマーケティングする、はてしない熾烈な競争がくり広げられることになる。宣伝やマーケティング用の人員は雇用をつづけなければならない。しかし、ここでもまた自動機械の妖怪はあらわれる。データマイニング、機械学習、人工知能の発展が、こうした領域においてすら必要な人間労働の総量を減少させるかもしれないのだ。

最後に、本章で描いてきた社会は、富と権力の巨大な不平等がたとえ経済的に不要になったとしても、それを維持することを前提としている。そのため、貧しく力のない者が富める者や力のある者から分け前を奪い返すのを阻止すべく、大量の労働力を必要とする。経済学者のサミュエル・ボウルズとアルジュン・ジャイアデフが「ガードレイバー（Guard Labor）」と呼んだタイプの労働である。かれらはそれを「生産ではなく、交換から生まれた要請の強制執行や所有権の一方向的な移譲の追求や防止にいそしむ、監視人、警備員、軍事的人員による活動」と定義している。[*17] そこには民間の警備員、警察官、軍隊、刑務所、裁判所の人員、武器製造者もふくまれる。米国では二〇一一年の時点で、推定五二〇万人のガードレイバーが働いている。[*18]

反『スター・トレック』の世界では、それらが主要な雇用源となるだろう。すなわち、クリエーター、法律家、マーケッター、そしてガードレイバーである。しかしながら、これで十分であるとは考えにくい。この社会はおそらく、持続的な不完全雇用の傾向にさらされるだろう。とりわけクリエーターをのぞく（といわれているが）すべての部門が、労働節約型の技術革新にむかう圧力にさらされるとすれば、そうである。ハイレベルの管理機能すら、一部は自動化される。二〇一四年に、香港のベンチャーキャピタルファンド（ディープ・ナレッジ）[訳注]が、あるアルゴリズム、VITALというプログラムを、その役員に任命した。すべての投資にあたって、この役員は一票を認められている。[*19]

そしてたぶん「創造性《クリエイティヴィティ》」すら人間のみの能力《タレント》（もしこの言葉を複製《レプリケーター》のパターンの創造に還元するならば）というわけではない。二〇一四年の国際計算機学会（Association for Computing Machinery）［ニューヨークに本部のあるコンピュータ科学分野の国際学会］のカンフェランスに提出された論文で、医療研究者のグループが、科学者が検証するための見込みのありそうな仮説をデータマイニング技術を用いて自動的に生成する方法を発表した。[*20] そうしたアプローチはいきつくところ、ヒット曲の制作やスマホゲームのデザインのような、それ以外の定型的な反復型の過程にも応用できるだろう。

さらにいえば、民間企業がこうした作業のために労働者を雇わなくてすむ別の方法もある。そうした仕事を、人びとがよろこびをおぼえ、じぶんの時間で、無償でやるような活動へと転換させることである。コンピューター科学者のルイス・フォン・アーンは、そうした「目的あるゲーム」を開発した専門家である。そのゲーム・アプリを使えば、エンドユーザーにとってはたのしい気晴らしであるものが、同時に有用な計算タスクの遂行となるのである。それをフォン・アーンは「ヒューマン・コンピュテーション」と呼んでいる。[*21]

フォン・アーンが初期に開発したゲームのひとつが、ユーザーに写真に映った対象を特定させるものだった［二人のプレイヤーに、画像から連想される語句を入力させ、それが一致するとポイントとなる］。このゲームによってえられたデータは、画像検索用のデータベースへとフィードバックされる。このテクノロジーはGoogleにライセンスされ、画像検索の改善のために利用された。のちに、かれはデュオリンゴ（Duolingo）という企業を創業した。無料の語学学習を供与し、学習の一環としてユーザーに文書を翻訳させる。そしてこの文書を用意した企業が、対価をデュオリンゴに支払うといったものである。おそらく、この研究のむかう先は、オーソン・スコット・カードの小説『エンダーのゲーム』のような地点かもしれない。この小説では、子どもたちが、［そうとは知らず］ビデオゲームを通して宇宙間戦争を戦っているのである。実際、そのためのインフラはすでに遠隔操作のドローン爆撃装置として存在する。[*22] しかし、このシナリオは本書の第

訳注　これについては以下のCNNの記事（二〇一四年一二月三一日付）を参照せよ。「香港のベンチャーキャピタル、ディープ・ナレッジ・ベンチャーズ（DKV）はこのほど、コンピューターアルゴリズムを同社の取締役会の役員に指名した。投資戦略を決定するにあたり、機械に人間と「同等の議決権」を与えたのは、史上初だという」（https://www.cnn.co.jp/business/35055187.html）。

四章によりふさわしいものであり、そこで立ち返りたい。

以上のような理由からすると、反『スター・トレック』の社会が直面する主要な問題は、有効需要の問題であるようにおもわれる。つまり、利潤の源泉であるライセンス料を支払うことのできる程度の稼ぎを人びとにどのように保証するのか。これが産業資本主義の直面した問題と大きく隔たってはいないのは、いうまでもない。しかしそれは、人間労働がますますシステムから閉めだされるにつれ、そして、人間存在が依然として消費者としては必要なのに、生産の要素としてはますます余分になるにつれ、より深刻なものになっていく。

究極のところ、資本主義的自己利益の追求すらも需要を支えるためには下方への富の再分配を必要とするだろう。フランスのソーシャリストであるアンドレ・ゴルツが一九九九年の著書『仕事を取り戻す――賃金依存社会を越えて（*Reclaiming Work : Beyond the Wage-Based Society*）』で述べたように、「支払手段の配分は、遂行された仕事の量ではなく社会的に生産された富の量に対応しなければならない」[*23]。あるいは、このフランス知識人の言い回しを英語的にいいかえるならばこうである。きみが品位ある生活水準に値するのはきみが人間だからであって、きみがやった仕事のゆえではない。それゆえ理論的には、これ［下方への富の再分配］も、人間労働を通した物的商品生産ではなく、知的財産のレントに基盤をおいた世界のひとつのありうる長期的展望なのである。ゴルツが語っているのは、普遍的ベーシック・インカムのようなものであり、それについては前章で議論した。いずれにしても、これが意味しているのは、レンティズムの長期的趨勢はコミュニズムへと展開されうるということだ。

しかし、ここでレンティアー＝資本家階級は集合行為の問題に直面することになる。原理的には、企業の利潤に課税し、金銭を消費者に再分配することで——おそらく普遍的ベーシック・インカムとして——システムを維持することは可能だろう。おそらく、さして必要でもないある種の仕事をおこなうことの見返りに。しかし、再分配が階級総体の観点から望ましいとしても、個別の企業や金持ちは、他者の支払いにただ乗り《フリーライド》りする誘惑にさらされるだろうし、再分配のための課税には抵抗をみせるだろう。もちろん、政府が単純に紙幣を刷って労働者階級にばらまくということもできる。しかし、それがもたらすインフレは間接的な再分配の形態でしかなく、やはり抵抗にみまわれるだろう。最後に、消費者に借金させることで消費に資金供与するというオプションもある。だがそれは需要危機を解決するよりは遅らせるだけである。これについては、わたしたちはだれもがよく知っている。

こうしたすべてが、反『スター・トレック』の世界において、継続的な停滞と周期的な経済危機を促進させる。もちろん、大衆は存在する。こうした状態に耐え忍ぶことをかれらにつづけさせるほど、イデオロギーの力は強力であるだろうか？　あるいは人びとは、知識や文化という富が、あれこれの制約的な法制の内部に囲い込まれるのがなぜか、問いはじめるだろうか？　人工的稀少性の体制を越えて「もうひとつの世界が可能である」のは、いつなのか、と。

原注――第二章

＊1　Charles Stross, *Accelerando*, New York: Penguin Group, 2005［酒井昭伸訳『アッチェレランド』早川書房、二〇〇九年］

＊2　Richard B. Freeman, "Who Owns the Robots Rules the World," WoL.IZA.org, 2015.

＊3　Henry Sutherland Edwards, *Old and New Paris: Its History, Its People, and Its Places*, vol. 1, London: Cassell and Company, 1893.

＊4　Henry George, *Progress and Poverty*, HenryGeorge.org, 1879［山嵜義三郎訳『進歩と貧困』日本経済評論社、一九九一年］

＊5　Council of Georgist Organizations, "Introduction to Georgist Philosophy and Activity," CGOCouncil.org.

＊6　John Maynard Keynes, "Concluding Notes on the Social Philosophy Towards Which the General Theory Might Lead" in *The General Theory of Employment, Interest and Money*, Marxists.org, 1936［間宮陽介訳『雇用、利子および貨幣の一般理論（下）』岩波文庫、二〇一二年、第二四章］

＊7　ibid.

＊8　Rachel Riederer, "Whose Moon Is It Anyway?," *Dissent* 61: 4, 2014, p. 6

＊9　Michele Boldrin and David K. Levine, *Against Intellectual Monopoly*, Cambridge, UK: Cambridge University Press, 2008

＊10　Michele Boldrin and David K. Levine, "Property Rights and Intellectual Monopoly," DKLevine.com.

＊11　*Bowman v. Monsanto Co.*, 133 S. Ct., No. 11–796 (2013).

＊12　Ibid.

＊13　Mark Doms et al., "Intellectual Property and the U.S. Economy: Industries in Focus," USPTO.gov, April 2012.

＊14　William J. Lynn III, "Defending a New Domain: The Pentagon's Cyberstrategy," *Foreign Affairs*, September/October 2010.

＊15　Ibid.

＊16　Ibid.

＊17　Samuel Bowles and Arjun Jayadev, "Guard Labor," *Journal of Development Economics* 79: 2, 2006, p. 335.

＊18　Samuel Bowles and Arjun Jayadev, "One Nation Under Guard," *New York Times*, February 15, 2014.

＊19　Rob Wile, "A Venture Capital Firm Just Named an Algorithm to Its Board of Directors —Here's What It Actually Does." BusinessInsider.com, May 13, 2014.

＊20　Scott Spangler et al., "Automated Hypothesis Generation Based on Mining Scientific Literature," in *Proceedings of the 20th ACM SIGKDD International Conference on Knowledge Discovery and Data Mining*, New York: Association of Computing Machinery, 2014.

＊21　Edith Law and Luis von Ahn, *Human Computation*, San Rafael, CA: Morgan & Claypool, 2011.

＊22　Orson Scott Card, *Ender's Game*, New York: Tor Books, 1985〔田中一江訳『エンダーのゲーム（上下）』ハヤカワ文庫ＳＦ、二〇一三年〕

＊23　André Gorz, *Reclaiming Work: Beyond the Wage-Based Society*, trans. Chris Turner, Cambridge, UK: Polity Press, 1999, p. 90.

第三章　ソーシャリズム――平等と稀少性

キム・スタンリー・ロビンスンのカリフォルニア三部作［オレンジカウンティ三部作］は、その各々が、ロビンスンの故郷であるカリフォルニア州のありうる未来を予見した連作小説である。[*1] 第一作『ザ・ワイルド・ショアー（*The Wild Shore*）』［日本語版の題名は『荒れた岸辺』］は、核戦争の生存者による素朴な農業生活を描いている。これはエクスターミニズムについての次章にぴったりである。第二作『ゴールド・コースト（*The Gold Coast*）』は、J・G・バラード的な、ハイウェイとコンド［高級マンション］、そしてモールからなるディストピアである。おそらくこれは、あえていえばレンティズムのディストピアである。

しかし第三作『パシフィック・エッジ（*Pacific Edge*）』は、いわばエコロジカルなポスト資本主義的ユートピアであり、ロビンスン自身、じぶんが住むのならここだといっている。この物語では、ロサンジェルス地域で生活しながら、コンクリート・ジャングルをもっと緑豊かでクリーンな場所に再構築しようとしている人びとが主役である。ロビンスンはこの作品で「われわれが、景観、インフラ、社会システムを再構築しようとするなら、どのようなものになるのかを考えてみたかった」[*2]と述べている。その点で、この作品は三番目の理念型の社会、すなわちソーシャリズムの精神性をつかんでいる。ソーシャリズムとは、自然との関係を再構築するために協力し合って作業することを必須とする平等主義的社会である。

『パシフィック・エッジ』では、わたしたちのこの多国籍資本主義の世界は、よりソーシャリズム的で生態系への配慮のある世界にとってかわっている。といっても、プリミティヴィズム流に近代的テクノロジーを全面的に放棄しているわけではない。人びとは小規模な範囲で社会を組織しており、協力し合って持続可能な経済を組み立てているのだから。しかしながら、この社会はあまりに多くのダメージをすでに残してしまっていて、修復は困難である。ロビンスンがインタビューでいうように、物語の起伏は「ちゃんとした《ディセントリー》生活のいとなめる環境を回復する」必要性をめぐって展開している。[*3] とはいっても、人間の手つかずの自然の復活がめざされているわけではなく、人間と環境のあいだにあたらしい関係をつくりあげることが問われているのである。主要な物語《プロット》展開の重心は、荒れ地を完全に野生のままに放置すべきか人間の必要によって手をくわえねばならないかをめぐっている。総じて自然から人間を切り離すことを想像するよりは、人間文明の無用な排出物をいかに認識し統制するのかをめぐって葛藤が生じるのである。

この本のはじめのほうで、二人の登場人物が、リサイクルのためアスファルトを回収しようと古い街路を掘り起こしている。みるからに不必要な信号機に遭遇して、かれらはつぎのようなやりとりをおこなう。

朝から昼にちかづくにつれ、だんだんあたたかくなってきた。かれらは三番目の信号制御機に走り寄ったのだが、そこでドリスが顔をしかめた。「むかしはすごく浪費的だったんだよね」。


ハンクは応じた。「どんな文化だって限界まで無駄遣いするもんなんだよ」。

「ちがうよ、どうしようもない価値観のせいだね」。

「たとえばスコットランドはどうだ？」とケヴィンがたずねた。「すごく慎ましいというよな」。

「でも連中は貧しかったんだぜ」ハンクはいった。「慎ましくなるしかなかったんだよ。オレの意見は揺るがないさ」。

ドリスはゴミをホッパーに投げ入れた。「浪費が美徳って、環境にはおかまいなしなんだよね」。

「なんで連中がこれを放置したかわかるよな」と、信号制御機を軽く叩きながら、ケヴィンがいう。「こんな道路を掘り起こすのってすげえ大変だもんな、車があってもさ」。

ドリスは短い黒髪を揺らしながら、「なにちょっと、それは逆でしょ、ケヴ。ハンクみたい。人を動かすのはさ、価値観であって、逆じゃないんだよね。かれらがちゃんと考えてたら、こんなのぜんぶ取り払って、再利用してたでしょ。わたしたちみたいにさ」。

「まあそうだろうな」[*4]。

第一章で描写されたコミュニズム社会は『パシフィック・エッジ』の世界に似ている。だがコミュニズム社会では、稀少性という制約もエコロジー的崩壊という制約も存在しなかった。わたしがその世界を想像するやりかたは、暗黙のうちにハンクの意見に合致していた。すなわち、人は限界にいたるまで浪費するのであって、この社会の技術的基盤は「環境の」保全にはさして心を砕かないということである。本章では、万人に対してありうる最高の生活を可能にしながら、限界を越えない範囲で生活するにはどのようにすればよいか、それについて考察する。

資本主義と稀少性

資本主義の政治経済学は、けっして首尾一貫したやり方ではないものの、その誕生以来、稀少性の問題に取り組んできた。特筆すべきは、石炭や石油のようなエネルギーであれ、木材や鉄のような原材料であれ、成長のための投入物が枯渇したら、資本主義の終わりなき加速度的成長のダイナミズムも崩壊してしまうのではないか、このようなありうべき恐怖感がつきまとってきた点である。そして、資源不足は、その歴史を通してさまざまな局面で、資本主義的発展に負の影響をもたらしてきた。しかも、くり返し起きては、システムの理論家を驚嘆させてきたのである。

一八世紀から一九世紀の変わり目に、トマス・マルサスは、農業生産性の限界と貧困層の避けがたい繁殖傾向とが合流することによって、人口増加と経済的繁栄との両立が不可能になると憂慮していた。今日にいたるまで、究極的には地球の環境収容力によって資本主義が制約を受けると論じる人びとは、一般に「マルサス主義者」と呼ばれている。かれらのいう稀少性が、マルサスが興味を寄せた稀少性とはそのかたちを大幅に変えているとしてもである。

マルサスの見解からでは、二〇〇年前よりもはるかに多くの人口を高度な生活水準で持続可能にしてきた農業生産性の上昇をはじめとする諸要因を説明できないことがあきらかになった。しかしながら、成長の物質的限界という一般的テーマは、主流派によっても批判的左派によっても、資本主義の考察にあたって、くり返し登場してきたのである。

近代の主流派経済学の先駆者のひとりであるスタンリー・ジェヴォンズは、ある問題に心血を注ぐようになった。工業経済でもポスト工業経済でもいまだ中核をなしている問題、エネルギーの稀少性の問題である。一八六五年の著作『石炭問題（*The Coal Questions*）』で、ジェヴォンズは、イギリスの経済成長とその埋蔵石炭量への依存を分析している。[*5] かれは一世紀もしないうちに石炭生産がピークを越え減退に入り、それによって経済成長は停滞するであろうと予測した。さらにいうと、かれはエネルギー節約の努力は不可避に破綻するともみていた。のちに「ジェヴォンズの逆説」として知られるようになるもので、それによれば、エネルギーの効率性が高まれば、安価になったエネルギーの利用も高まるので、結局、エネルギー消費量は増大するのである。

石炭埋蔵量の見立てにかんしてはおおむねただしかったとはいえ、ジェヴォンズの知るよしもなかったのが、先進資本主義経済圏のエネルギー基盤の石油への移行だった。しかし、今日の読者たちは、ジェヴォンズの考察の現代における対応物をご存じであろう。「ピークオイル」の理論である。二〇世紀中盤の地質学者M・キング・ハバート（M. King Hubbert）に端を発するこの理論は、ジェヴォンズと同様の推論を用いている。採掘の容易な石油資源の生産量のピークと下降が近づいていることを指摘しながら、ピークオイルの理論家たちは、資源枯渇から由来する不可避の経済的停滞期に世界が突入していると主張した。この説の信憑性が増したのは、米国が一九七〇年代にピークオイルに達するというハバートの予測がおおよそ現実のものになったときである。*6

ジェヴォンズの石炭とおなじように、ピークオイル理論も、石油よりも埋蔵量に制約されていないエネルギー源——太陽光、風力、天然ガス、そして原子力など——との組み合わせへの移行は不可能であるという発想に依存している。とはいえ、わたしたちはいま、それにくわえ、より切迫した課題に直面している。たとえ石油の埋蔵量が無際限であるとしても、炭化水素を燃やすことが地球の気候に不可逆の変化をもたらし、それが人間の文明に恐るべき影響を与えることが判明したのだ。変化のなかには不可逆なものもあり、適応するしかない。しかし、さらなる破滅的なシナリオを避けるためには、二酸化炭素の排出を大幅に削減するしかない。

クリスティアン・パレンティが気候危機についての多数の著作で論じているように、もし人類全体がまともで住みやすい生活を保持することを望むのならば、大規模な変革をきわめて短期間に実行することが必須である。国連の気候変動にかんする政府間パネルは、つぎのように予測している。世界規模の破局的なフィードバック・ループと飛躍的転換《ティッピング・ポイント》を回避するためには、裕福な国々が二〇五〇年までに炭素排出量をおよそ九〇パーセント削減しなければならない、と。課題の深刻さと対応に使える時間の乏しさは、パレンティのいうように、「排出量を削減すべきは、まさにこの［いまの］社会であり、この［わたしたちの］制度である」[*7]ことを意味している。このような試練に対応するには必然的に資本主義の転覆が必要というわけではない。だが、それでもなお破壊的な化石燃料から利潤をえようとする強力な利害関心を挫くという歴史的課題は不可欠なのだ。

ディストピアを越えて

真に問われるべきは、人間文明が生態系の危機を乗り切ることができるのかどうかではない。わたしたちの全員がともに、道理にもとづいた平等な方法でこの危機を乗り切ることができるのか、である。気候変動による人類の絶滅もありうる。だがその可能性はきわめて低い。それよりももっとありそうな見通しは、社会の解体とあらたなプレモダン的暗黒時代への回帰である。複雑で技術的に発展した社会の維持には、まちがいなく多くの人間が必要になる。しかし、だからといって七〇億すべての人間が必要なわけではない。この本の前提は、第一章でふれたような技術的発展ゆえに、必要な人間の数は減少しているというものだった。

とりわけ米国で主流のメディアや政治にしつこく残存する気候変動の「そもそもの」存在をめぐる喜劇的「論争」を額面通り受け取るべきではないのは、このためである。人間を原因とする気候変動の実在を論駁しても、もはやなんの意味もないし、なんの生産性もない。気候学を否認する人びとは、この科学を心から否定しているわけではなく、そのインパクトに無関心なのである。いいかえれば、かれらは十分に豊かで権力もあるがゆえに、現在の社会的構造を死守しつつ、そのコストはみずから以外の人間に押しつけることができる。だから、最悪のシナリオすら［じぶんは］回避できると信じているのだ。ともかくかれらについては、次章でとりあげたい。

気候変動と生態系の破壊は不可避であるがゆえに、本当に意味のある問いはただひとつ、いかに対応を組織するかである。この章の前提は、資源の稀少性と生態系の限界の問題は、たやすく解決することはないというものだ（対照的に、コミュニズムの章の議論では、資源と生態系の限界は究極的にはテクノロジーの向上によって乗り越え可能であるという主張も排除していない）。ユタ大学の政治経済学者であるミンキ・リによれば、再生可能エネルギーを基盤に据える方向にこの世界を動かすためには、巨大なインフラの変容が必要となる。「発電所やその他の電力施設の建築には、財源だけではなく、専門分化した工場で生産される必要のある設備や原料とともに特別な技能と専門性をもつ労働者、技術者、エンジニアをも必要とする」[*8]。これには、資源や労働を動員できるような、ある種の集権化した国家の運営に拠るプロジェクトがともなうのであって、それは第一章でみた自由市場か万人のためのコミュニズム的自由かといった選択肢を越えている。

　とはいえ、黙示録の寓話、ニヒリズム的諦念、なにをしても無駄という無力感に囚われないのが肝心である。左派には、そうした黙示録的傾向がつねにある。現在の政治状況をみれば、理解できないことはない。たしかに、理論上は、災厄を食いとめるためになにが必要かをあげることはできる。ところが、それらはスケールにおいて巨大だし、政治的障害もあまりに大きいため、実質的に不可能であるようにみえてしまうのだ。わたしたちは、現代の二酸化炭素ベースのエネルギーシステムを風力、太陽光、その他の再生可能資源に代替できる、グリーン・ニューディール政策を実行することが可能である。わたしたちは、高速電車やそれ以外の大量移送システムを構築することで、いまの移送システムの中心を占めているガソリン使用の自動車にとってかえることが可能である。二酸化炭素回収・除去技術をもって現在進行形の炭素排出の最悪のインパクトを、ある程度、改善することもできるかもしれない。

　しかし、だれがそれに資金を提供するのか、いかにして議会に予算を通過させるのであろうか？　短期の見通しは暗い。かくして、よりよい世界を実現することは困難であるばかりか実質的に不可能であるときめこみ、倒錯的に安心感をうることもできるのだ。

エコロジー指向のリベラルもふくむ、SNSに参加している人ならだれしも、気候危機にかかわるさまざまなレポートが拡散されているのを目にしているはずだ。そこには陰に陽に、われわれはみな破滅するという発想がひそんでいる。たしかに、気候学に由来する発見の多くは、真に恐るべきものである。たとえば、南極大陸の氷床の縮小も、数年前に予測されたより急激に進んでいる。しかし、地質学的にはほんの一瞬のうちに生じているこのような画期的出来事ですら、実際には数十年ないし数百年をかけて展開するものである。人間社会という観点からみれば、これは永遠である。なるほど、これほどの規模の環境の変動への人間社会の対応をイメージするのはむずかしい。しかしながら、一九一四年のもろもろの政府が、［それ以降の］過去一世紀の激変に対応することを想像する以上に突飛であるとはいえない。［一九一四年のあとになにがやってきたか］二つの大戦！　産業化されたジェノサイド！　核兵器！　おそらく、それらを知ったなら、それ以前の時代のソーシャリストたちは涙することであろう。ローザ・ルクセンブルクならこう結論するのではないか。人類はすでに野蛮に屈してしまった、いかなる社会主義の希望もいまや夢想にすぎない、と。

しかし、わたしたちは、良きにつけ悪しきにつけ、なんとか切り抜けてきた。次章でみるように、より大きな危険は、わたしたちがいっせいに崖から墜落するということではない。人間文明は、気候の破局に適応する。ところが、その適応は、窮乏に沈む世界のなかで、ひとにぎりの支配階級には富の泡《バブル》で護られた安逸な場所が用意されるといったかたちでのみすすむ。これが危険なのである。

宿命論とブルジョア的言説に浸透した空疎な楽天性は裏腹の関係にある。宿命論も空疎であることにかけては劣ることがないのである。これがバーバラ・エーレンライクが『ブライト・サイデッド——いかにポジティヴ・シンキングはアメリカを滅ぼすか（*Brihgt-Sided : How Positive Thinking Is Undermining America*）』〔日本語版の題名は『ポジティブ病の国、アメリカ』〕で分析したような、自己啓発的ポジティヴ・シンキングの陳腐な言い回しのかたちをとることもある。[*9] 彼女がいうには、ポジティヴ・シンキングというものは概して姑息な一時しのぎである。すなわち、ネガティヴな現実に問いを投げたり抵抗したりするのではなく、そのような現実に忍従する方法として力を発揮している。『考えて豊かになろう（*Think and Grow Rich*）』〔日本語版の題名は『思考は現実化する』〕は、自己啓発関連著作のジャンル初期の古典のタイトルである。その基本的メッセージは、系譜をたどればオプラ・ウィンフリー（Oprah Winfrey）〔とんでもない人気をほこる米国の司会者であり俳優である女性」ご推薦の『ザ・シークレット』[*10]にいたるまで、さまざまな宣伝家たちによって布教されてきた。不幸なことに、ポジティヴ・シンキングが、ユートピアをもたらすことはない。ネガティヴ・シンキングが黙示録をもたらすことがないのと同様に。

この信条には、もうひとつのヴァージョンがある。それはシリコンバレーの大金もちたちによるいんちきユートピア主義である。Facebookからウーバーにいたるまで、こうした新世代の泥棒男爵たちは、労働条件の規制や市場の規制にしがみつくのをやめるなら、市場がすべての問題を解決し万人に繁栄をもたらすであろうと「ドヤ顔」でのたまわっている。

ユートピア的右翼のかたちをとろうがニヒリズム的左翼のかたちをとろうが、こうした幻想全体が政治からの逃避である。支配階級は、未来は確実にあかるいとのたまい、左派寄りのつむじまがりは、未来はどうあがいても暗いということでみずからを慰撫している。その結果、右派は「誤りからくる」代償をわかりやすいかたちで支払ういっぽう、左派はただしくあることからくる貧しい感情的満足をうることになるのである。

わたしたちの怪物たちを愛すること

さしせまった短期的課題を克服して、破局的な気候変動を喰い止めることができるとしよう。そしてさらに、この階級的に編成された社会をより平等なものへと転換できたとしよう。万人がテクノロジーの果実を利用することができ、生産における労働は、完全に不要ではないにしても、比較的最小限に抑えられている。それでも、わたしたちは資本主義による生態系に対する影響に対応しなければならないはずだ。その多くがいまや揺るぎなく、かつ不可避のものだからである。どのような社会ならばこのような任務をはたしうるのか、ここで立ち止まって、未来のポスト資本主義社会における人間と自然の関係について考察する必要がある。

エコロジーの考察はしばしば、人間——そしてそのテクノロジー——と自然の二項対立へとむかう傾向がある。「保全」ないし「カーボン・フットプリント［二酸化炭素排出量］」の削減について語ることは、自然とはなんらかの無垢な状態にあること、自然の救済のために自然から撤退することが人間の課題であるというふくみをもっている。このような思考法は、つきつめるなら、自然的・生物学的存在としての人間の否認、自然の一部に分かちがたく組み込まれた人間の否認である。有機的世界からいっさい解放されるためコンピューターへの意識のアップロードを切望するトランスヒューマニズムの諸形態と、その点においては、ほとんど変わらない。

人間の干渉がなければ自然は安定した無時間的均衡状態にあるという見解は、不均衡、中断、不断の変化を特徴とする物理的世界に対する根本的な誤解をさらけだすものだ。自然史は、人間が登場するはるか以前から個体群の過剰発生、死滅、絶滅、そして気候変動に充ちていた。エコロジーを不変の自然を保存するプロジェクトとみなしてしまえば、だれもが必然的に黙示録的ニヒリストになることだろう。自然そのものを保持する方法、あるいは自然をその無垢な状態に還す方法は——すくなくとも人間社会の保持をも前提とすれば——存在しない。

結局のところ、自然は人間のことなど気にもとめず、利害も欲望ももたず、端的に存在しているだけなのだ。ゴキブリやネズミだらけの終末《アポカリプス》以後の地上は、ノアの方舟で生き延びた生物が生息する豊穣で緑豊かな世界とまったくおなじ一個の生態系である。わたしたち人間以外のなにものが、あれがこれよりよいなどと口走ったりするだろうか？　気候や生態系、あるいは生物種を保全するどのような試みも、直接にわたしたちの自己保存のためか、わたしたちの生活の質を向上させる自然世界の性質を保持するためかはともかく、つまるところ人間のニーズや欲望に応えるためにおこなわれる。死臭漂う廃墟に囲まれながら密封されたドームで暮らす未来を回避したいのだとすれば、そのような環境で生きることが耐えがたいからである。環境保護主義者のなかにはただ鯨を救いたいのだという者もいるかもしれないが、それもまた、つまるところ鯨と共生する世界に優先性をおいているがゆえである。人類を自然に対する災厄であり消滅に値するとみなすもっとも極端な「ディープエコロジー」にかんしてもおなじことがいえる。かれらは人間中心的エコロジーを回避しようとして、実は人間中心的エコロジーを不条理な次元にまでつきつめているだけなのだ。というのも、かれらは、ただただ「わたしたちに」無関心な世界に、みずからのニヒリズムを投影しているからである。

キム・スタンリー・ロビンスンの火星三部作は、人間中心的エコロジーと自然崇拝のちがいについての批判と説明として読むことができる。この物語は、火星を地球化《テラフォーム》し、居住可能な環境へと変えていく、火星の植民者たちによる数百年間の格闘を描きだすものである。第一部（『レッド・マーズ』）では、火星はいまだほとんど手つかずであるが、第三部（『ブルー・マーズ』）では、植物、河、海におおわれている。[*11] この過程――原生的な火星の環境の破壊――を支持する者は「グリーン」、火星をその原型のままに維持すること――それゆえ人間の居住には適さない――を支持する者は「レッド」である。ここでは、じぶんたちのニーズに即して自然世界を形成するという人間のいとなみが、自然環境を自然環境それ自身のために保持するという衝動から区別されているのである。

ここで地球に立ち返ろう。エコロジストのユージン・F・ストーアーマー（Eugene F. Stoermer）たちは、わたしたちのこの時代を「人新世（Anthropocene）」と呼ぶべきであると提起している。「人新世」とは、人間が地球の生態系に多大なるインパクトを与えてきた地質学的時代を指している。左派エコロジストのなかには、このタームに懐疑的なむきもある。資本家たちではなく、人類総体に生態系に対するダメージの責任を負わせることになるというのである。[*12] しかしそこまでいう必要はない。人新世が表現するのは、エコロジーがつねに人間の関心を中心に据えて展開せねばならないという認識にすぎないともいえるから。いいかえれば問題は、人間が自然に与えるインパクトをいかに縮減するかではなく、いかにうまく自然を運営しケアするかなのだ。

フランスの社会学者であるブルーノ・ラトゥールは、メアリー・シェリーの先駆的なサイエンス・フィクション作品である『フランケンシュタイン』の読解を通して、おなじような考察をおこなっている。ラトゥールによれば、この物語は、ふつう考えられているのとは異なり、テクノロジーや人間の傲慢さへの警告ではない。[*13]フランケンシュタイン（これは怪物ではなく科学者の名である）の真の罪は、生命を創造したことではなく、創造した生命を愛したりケアしたりせず荒れ地に放置したことにある。ラトゥールにとって、これはテクノロジーやエコロジーとのわたしたちの関係にかんする寓話である。わたしたちが創造したテクノロジーが予見せざるおそるべき結果をもたらすとき――地球温暖化、公害、絶滅――、わたしたちは、恐怖におののきながらそこから尻込みする。だが、わたしたちはいま自然を放棄することはできないし、すべきでもない。わたしたちには、自覚的に自然に手をくわえる作業にさらに深く関与する以外に選択肢はない。わたしたちはみずからの創造した怪物を愛する以外に選択肢はないのだ。さもなくば、その怪物は、わたしたちに牙をむき破滅させてしまうだろう。ラトゥールのいうように、このことは、「たんにテクノロジーやイノヴェーションを擁護する以上のことをわたしたちに要求している」。それは「人間の発展の過程を、〈自然〉からの解放でも失墜でもなく、人間以外のあらゆる自然により深くむすびつき、より深く親しんでいく過程とみなす」[*14]そのようなパースペクティヴを必要としている。

ささやかな例をひとつとりあげたい。最近ハーバード大学でおこなわれているロボビー（RoboBee）プロジェクトを考察してみよう。その目標は、生物学者やロボット技術者、エンジニアをふくむチームでもって、昆虫の行動を模倣する小さなロボットをつくりだすことにある。現代人の不安を考えるならば、多くの人が最初に考えるのは、このテクノロジーが軍事的監視に使用されまいかということだろう。プロジェクト自身、ウェブサイトで無邪気にその可能性を宣伝している。だがこのテクノロジーはまた、人間のつくりだしたエコシステムの穴を埋めるために利用することもできる。たとえば、植物に受粉することによって、このロボット蜂は、二〇〇六年あたりからアメリカ合衆国における蜂の生息数を激減させてきた蜂群崩壊症候群の影響を、ある程度緩和することができるかもしれない。これは、働き蜂がみずからの巣を放棄し、女王蜂と幼虫を置き去りにして――かれらは結局、死んでしまう――失踪するという、謎めいた現象である。そうした生態系の異常現象に技術的介入でもって取り組むことで、これまでの人間による環境の改変がそうであったように、確実に意図せざる効果をもたらすであろう。しかしラトゥールのいうように、この段階では自然への関与を深化する以外に選択の余地はほぼ存在しないようにおもわれるのだ。

エコソーシャリズムと国家

それではわたしたちの怪物をうまく愛するにはどうしたらよいのだろうか？　エコロジカルに持続可能な方向に沿って社会を再構築するには、政府やそれ以外の大組織が重大な役割をはたすことになる。コミュニズムの考察にあたってはこの問題をほとんど棚上げすることができた。人はそこで自由にむすびあい《アソシエイト》、他者にネガティヴな影響を与えることなくみずからの欲求を追求することができるのだから。だが、資源不足で傷だらけのこの地球上で共に生きることを学ぶには、大規模なスケールでの解決法が必要となる。

もちろん、なによりもまず気候変動の源泉を抑え込む必要がある。二酸化炭素を排出している石炭や石油の発電所である。幸いなことに解決策は存在する。もし政治的障害を克服できれば、の話であるが。風力、水力、地熱、潮力などの動力源も有用だが、化石燃料にかわる長期的選択肢としては、太陽光発電が最も重要だろう。いうまでもなく、太陽は地球で利用できる潜在的なエネルギー源としては最もすぐれている。太陽光収集機の占める面積はたとえわずかであっても、莫大な量のパワーをそこから確保することができるのだ。つけくわえるならば、太陽光テクノロジーは、コストのかかりすぎる新技術から現実的な選択肢へと急速に発展している。一九七七年には太陽光発電パネルの価格はワットあたり七六ドル六七セントであった。ところが二〇一三年には、ワットあたり七四セントまで低下している。また太陽が隠れているときに電力を蓄積するための新技術の欠如が、大規模な太陽光発電に立ちはだかる主要な障害のひとつであったが、それも近いうちに克服されるかもしれない。二〇一六年三月、米国エネルギー高等研究計画局は、この領域における大きなブレイクスルーを発表した。それは既存のエネルギー供給網を一変させる可能性を秘めている。

原子力エネルギーですら、ある局面で役に立つこともあろう。とはいえ、これはおそらく脇役にとどまりそうだ。というのも、原子炉の建設には、高いコストと長い時間がかかるからである。いずれにしても核エネルギーへの依存は、その内在的リスクゆえに緊急時の当座しのぎとみなすべきである。（クリーン・エネルギー領域におけるもっとも重要なブレイクスルーは、持続可能な核融合炉であろう。それは、いまの核分裂反応技術につきまとう危険も有害な副産物もなしに莫大な量のエネルギーを生成できる。だが科学者たちが実験室で核融合反応を生成することはできるとしても、消費する以上のエネルギーを生成するやり方でそれを実行するまでにはまったくいたっていない。本書のような思弁的考察にふくめることもできないほど実現にはほど遠い。とりわけ気候変動の対応が逼迫していることを考えるならなおさらだ）。

しかし、ダーティ・エネルギーをたんに段階的に放棄していくだけではもはや不十分であろう。大気から炭素を除去することで、すでに起こってしまったことの一部を逆転させる行動も必要だ。環境保護主義者のなかにはそうした「炭素捕捉（carbon capture）」の技術に反対意見もある。それは、ダーティ・エネルギー資源の継続的使用を正当化するための策略だというわけだ。しかし、クリーン・エネルギーと炭素捕捉そして炭素除去の結合には、相対的にダメージのすくない炭素エネルギー時代からの移行という点では、最も期待ができる。

大規模なインフラを変えるだけでなく、わたしたちの日常生活を再構築する必要もある。これにはたとえば、郊外都市のスプロールにかえてより密度の高いコンパクトな地域を公共交通機関でむすぶといった施策もふくまれる。しかし都市を再構築すると同時に、田舎もおなじく再構築する必要を無視してはならない。密集した集合住宅にみんなを押し込めば、郊外に住みたいという欲求の一因である空間と緑の必要性が否定される。都市の外の空間は無垢なる原野としてではなく、フランスの国立公園の人工的性格についてラトゥールが記述したようなものとして想像しなければならない。すなわち「郵便局、手入れの行き届いた道路、たっぷりと予算をつぎ込まれた牛、見目麗しき村々」[*15]。それらすべてが、おそらくクリーンな高速電車で都市と結合している。

再構築の必要項目《リスト》はさらにつづく。たとえば、沿岸地域を増大する洪水に適応させることである。この過程はすでに進行していて、オランダのエンジニアたちは数世紀にわたって蓄積されたみずからの専門知識を、ニューヨークのようなますます洪水に見舞われるようになっている地域に応用している。もしわたしたちが賃金を越えた世界を想定しているのだとすれば、このような仕事の担い手をいかにして動員すればよいのか？　ここでもまた機械と自動化が役に立つことはいうまでもない。しかし人手が必要であるような場合でも、いま軍事機構につぎ込まれている不必要な労働を、ある種の社会奉仕《ナショナル・サーヴィス》にふりむけることはできるはずだ。

計画としての市場

最後に消費の問題がある。稀少性に対応する必要は「依然として」切迫しているであろう。だがこの稀少性とは、資本主義の標準的モデルにみられるような労働や財の稀少性ではない。完全なるレプリケーターを想定すれば、農業ですら本物と見分けのつかない機械製のハンバーガーなどのおかげで不要にできる。むしろ、配分が必要なのは、生産への基本的投入物――おそらく水などの原材料とかエネルギー――である。このためには、ある種の経済計画が必要となる。

二〇世紀のソーシャリズムをめぐる重要な議論の多くの中核を占めていたのが、この計画である。国家はあらゆる消費財のあらゆる生産の細目を計画することができるのだろうか？　それとも特定の中核的産業のみを統制すればよいのか？　「ソーシャリズム」の名を冠しながら生産を調整するのに市場を活用することは可能なのだろうか？

計画はまた、ポスト稀少性の社会を理論化しようと試みるサイエンス・フィクションの多くにあらわれる。ケン・マクラウドの小説『カッシーニの間隙（*The Cassini Division*）』は、二四世紀が舞台である。そこで人類は太陽系を植民地化しており、いくつかの異なる社会を形成している。そのひとつは太陽連合と呼ばれている。あるところでマクラウドは、「レオンチェフの物質収支マトリクスを攪拌するバベッジ・エンジン」なるものを記述している。[*16] 次章でふたたび登場するだろうワシリー・レオンチェフ（Wassily Leontief）の名は、フランシス・スパッフォードの『レッド・プレンティ（*Red Plenty*）』——過去にかんするスペキュレイティヴ・フィクションであり、計画経済の運営を数学的に処理可能な方法で発見するレオニード・カントロヴィッチなる数学者による試みをフィクションとして物語にしたもの——で描かれたようなソヴィエトの計画の時代を彷彿とさせる。[*17]

キム・スタンリー・ロビンスンの『2312』は、「量子コンピューターが、一秒もかからずに太陽系全体の年間経済総額を算定できる」[*18]、そのようなシステムを描いている。量子コンピューターはコンピューター・サイエンス積年の夢である。それは量子力学の原理を応用して、既存のものに比して桁外れに高速のコンピューターを構築できると考えられている。それゆえロビンスンがここでふれているのは、ソヴィエト時代のテクノロジーの次元を端的に超越した、信じがたいほど複雑な経済計画の諸問題を解決できる機械なのである。『レッド・プレンティ』に敬意を表しつつ、経済システムは「スパッフォード型ソヴィエト・サイバネティック・モデル」と呼ばれている。[*19] しかし、左派の内輪むけジョークとして別の呼び方がある。ロビンスンはこのシステムを「アルバート＝ハーネル・モデル」とも呼ばせている。これは左派の経済学者であるマイケル・アルバート（Michael Albert）とロビン・ハーネル（Robin Hahnel）を指している。かれらの「参加型経済学」のフレームワークは、官僚制に計画の決定を委ねることなく諸個人のニーズに応答しうる経済計画のシステムを考案する試みである。

　実行可能な経済をもつポスト資本主義的未来社会を想像しようとする多数の人びとの頭のなかに、計画はあきらかに存在している。しかしこうした事例はすべて、二〇世紀型の問題、すなわち生産を計画する問題への応答の試みである。これまで論じたように、もしレプリケーターを想定するならば、もはやこれは問題ではない。すくなくとも消費財については、人はじぶんの欲しいものをなんでもみずから生産できる。しかしながら、資源に制約のある未来は、それでも消費を管理運営する問題に直面する。つまり、レプリケーターに送り込む稀少な投入物を配分するために、なんらかの方法が必要なのである。

第一章で導入した普遍的ベーシック・インカムがここでも役に立つはずだ。本章で記述してきた文脈において、普遍的ベーシック・インカムは資本主義における賃金とはまったく異なった機能をはたす。そしてそれは、市場メカニズムを通して、消費を割り当てたり計画したりするよう作用するだろう。

「ソーシャリズム」と題した章でこのようなことをいうのも奇異に響くかもしれない。それに、望ましいポスト資本主義［社会］と市場とは本質的に相容れないと考えるソーシャリストも存在している。かれらにとって市場とは、資本主義の欠点をなす根本的な要素であり、孤立化と疎外の源泉なのである。市場は貨幣や商品を通してわたしたちのたがいの関係を媒介するがゆえに、わたしたちの経済生活を組織するそれ以外のやりかた——物々交換や共同体的自給自足、企業が社会化され生産や配分の決定が政治的過程を通しておこなわれる完全に計画された経済——よりも、本質的に社会的であったり人間的であったりする度合いが低い、というわけだ。たしかにこのような批判にも利点はある。とりわけ市場的諸関係が生活のあらゆる場所に浸透し、最も私的な決定すら非人格的諸力に服従させるような資本主義社会においては、そうだ。

しかし、具体的なあれこれのモノやサービスの市場は、その市場の埋め込まれた広範な社会構造によって意味や効果を大きく変える一個のテクノロジーともみなしうる。富と収入の極端な集中という特徴をもつわたしたちのこの社会にあっては、市場は「より多くの」貨幣に比例して「より大きな」社会的権力を割り当てている。かくして「一ドルにつき一票」の社会が「市場を通して」生まれているわけだ。

自動車シェア・サービスのウーバー[訳注]（Uber）、オンライン家事サービスのタスクラビット（TaskRabbit）、そして短期の自宅・自室レンタルマーケットであるエアビーアンドビー（AirBnB）のような企業を考えてみよう。それらの企業は、「シェアリングエコノミー」の一翼を担っていると自称している。基本的に平等な条件のもとで個人が少額の商品やサービスの交換をおこなうというのが「シェアリングエコノミー」である。長期休暇のあいだじぶんのアパートメントを貸しだす、空き時間にウェブを介して運転手として雇

訳注　二〇〇九年にはじまったライドシェアサービス。自動車を所有しサービスに登録しておけば、誰でもドライバーとして働くことができる。日本でも広まっている「宅食」サービスのウーバー・イーツ（Uber Eats）は、このライドシェアサービスから派生したもの。

われるなど、だれもがみなわずかばかり便利になってわずかばかりお金をうるというアイデアだ。この場合、別のだれかを搾取できるほど大きな富や権力をもつことはない。したがってそれは、社会学者エリック・オリン・ライトのいう、市場で同等の力を有する「合意し合う大人のあいだの資本主義」の好例といえよう。[*20]

　ところが実態はというと、これらの企業はいま、わたしたちの現在のシステムがどれほど不平等であり合意そっちのけであるか、それを体現する存在と化している。これらの企業は二つの異なる点で不平等である。第一に、こうしたシステムではサービスの買い手と売り手のあいだに不平等が存在する。タスクラビットを通して雇われる人間は、解雇されるおそれから無理強いであったり不条理であったりする要求をはねのけることはなかなかできない。エアビーアンドビーの多くの施設が、数日間空き部屋を提供しようとする個人ではなく無認可のホテルチェーンの企業によって運営されている。「第二に」大手ベンチャーキャピタルの支援を受けたこれらの企業自体が、売り手と買い手に対して権力を有している。なぜなら、それらは交換の枠組み《プラットフォーム》を支配《コントロール》し、利益を最大化するためにルールを自由に変更できるからである。このことは、運賃や労働条件を恣意的に変更したがるとして、ドライバーのストライキや抗議を引き起こしているウーバーの事例をみればあきらかだ。

しかし、だれもが同一のベーシック・インカムを割り当てられ、膨大な富のプールを支配するものもいない、そのような世界を想定するならば、このような難点も解消する。稀少資源へのじぶんの取り分《シェア》へのアクセスを可能にする配給カードとしてベーシック・インカムを考えてみよう。これこれの稀少資源のこれこれの量を割り当てるというプロセスを介することなく、市場の価格決定メカニズムを活用して過剰使用を回避させることができるのだ。

いわんとするところを駐車というありふれた例で考えてみよう。アメリカの諸都市では、街路駐車はほとんどの地域で伝統的に無料か、あるいは少額の固定された価格で利用可能である。その価格はきわめて低く、そのため駐車スペースという限界ある資源の過剰消費が生まれ、空きスペースの不足やスペースを求めて多くの自動車がうろつきまわるといった事態をもたらしている。ニューヨークのいくつかのエリアでは、道路上の自動車のほとんどが駐車スペースを探してうろついているだけということもある。時間の無駄であるとともに公害や渋滞の原因でもある。

ひとつの代替案として、いくつかの都市では街路駐車に価格を付与するさまざまな方式を実験している。その実験の多くに影響を与えているのは、ＵＣＬＡの駐車理論家であるドナルド・シャウプである。[*21] シャウプの中心的テーマのひとつは、都市自治体が街路駐車を低価格で許可するのは避けるべきというものである。というのも、低価格で許可しているがゆえに、二時間制限のようなうんざりするルールも生まれてくるし、先述したようなソヴィエト流の物資不足も生まれてくるからである。

この理論に影響を受けつつ、ロサンジェルス市はＬＡエクスプレス・パークと称するワイアレスのスマートメーター・システムの導入を決定した。各スペースの下の舗道にセンサーを設置して、そのセンサーが特定エリアに自動車があるかないかを探りだす。どのぐらいのスペースが埋まっているかによって、コンピューター・システムが自動的に駐車の価格を調整する。スペースの需要が高いとき価格は一時間六ドルまで上昇するし、スペースに余裕のあるときは五〇セントにまで価格は下がる。

ＬＡエクスプレス・パークの方式は評判となり、「自由市場」の駐車への応用として宣伝されている。もちろん市場と資本主義や不平等とを等しいとみなす左派の人びとには、これはいらだたしいものである。しかしこの場合、問題となっている「市場」とは、強者をさらに金持ちにするためのイデオロギー的ごまかしにとどまるものではない。つまりここでの「市場」とは、資本主義から分離された限定的テクノロジーとしての市場の可能性を示唆するものなのだ。

マルクス派たちは、一般的に、資本主義的市場に対して二つの批判をむけてきた。第一の批判は経済的なものである。資本主義的競争の「無政府性」のもとでは、私的利潤の追求は不正と不合理に帰着する。貧しい人びとが飢えるいっぽうでぜいたく品が生産される。商品目録は積み上がるがだれも買う余裕はない、仕事を探す人びとは大勢いるが工場は休眠状態、環境は荒廃していく。レオン・トロツキーは『過渡期綱領』において、同志にむけて短期の改良主義的綱領を提起しているのだが、そこでたびたび言及されるのがこの種の市場の無政府性である。それは必然的に、合理的で意識的な、労働者が管理するすぐれた計画形態にとってかわるとされていた。トロツキーはこう述べている。「経済を「統制」し、産業を国家が「指導」し「計画化」することの必要性は、今日、ファシストから社会民主主義者にいたる現在のほとんどすべてのブルジョア的および小ブルジョア的潮流によって——すくなくとも言葉のうえでは——承認されている」[*22]。

しかし、トロツキー自身は経済を計画するにあたって市場メカニズムはその一部とならねばならないと断固主張していた。一九三二年の批判「危機に立つソヴィエト経済」で、かれはこう述べている。

国営経済と私的経済への、集団的経済と個人的経済への無数の生きた参加者は、計画委員会の統計計量を通じてだけでなく、需要と供給の直接的圧力を通じても、みずからの要求とその相対的強さを表明するにちがいない。計画は、市場を通じて検証され、かなりの程度市場を通じて実現される。[*23]

この観点からすれば、ロスのシステムは資本主義的「自由市場」による規制緩和ではない。市は、駐車場を民間企業に委ね、顧客獲得競争をさせようとしているわけではないのだから。LAエクスプレス・パークの実験は、実のところ、中央計画経済《セントラル・プランニング》の模範的事例である。市は、はじめに、生産目標を発表した。各街路にひとつの空き駐車スペースを維持しておくというものである。つぎにセンサーと価格形成アルゴリズムの複合システムを用いて、目標を達成するための価格シグナルをつくりだす。ここでは、資本主義的市場の因果のむきが根本的に逆転している。つまり、市場価格の変動が予測しえない生産レベルにつながるのではなく、生産目標が先にあり、価格は割り当てによって決定されるのだ。

市場に反対するもうひとつの議論がある。市場は無政府的で不効率であるばかりか、資本主義と搾取を永続させるイデオロギー的神秘化をも生みだしてしまう、というものだ。マルクス派の政治学者バーテル・オルマンは、しばしばこのような主張をおこなっている。「中央集権的に計画された社会の主要な利点は、誤りが起きたさいにだれに責任があるのかがたやすくわかるところである」。[*24] これは民主主義的な説明責任《アカウンタビリティ》の前提条件である。というのも「市場の神秘化への批判のみが、責任の所在、すなわち、資本主義的市場とそれを支配する階級の責任をあきらかにするだろう」からである。[*25]

しかし、この批判もまた的外れである。価格シグナルや市場の存在にもかかわらず、価格変動を示す「スマート」メーターの新機構の責任者がだれかは謎でもなんでもないからだ。つまりアドバイザーであるドナルド・シャウプの後押しを受けたロサンジェルス市である。実際のところ、まさにこの計画者の可視性こそが、無料駐車を当然の権利とみなす人びとや渋滞エリアに入るドライバーへの課金による渋滞緩和政策に反対する人びとのあいだに、このようなプロジェクトをめぐる議論を巻き起すことを可能にしている。炭素税のような気候政策が右派の攻撃にさらされやすいのも、まさにおなじ理由である。いかにそれが「市場ベース」の衣裳をまとっていようとも、この政策が議員や官僚からはじまっていることはだれでも知っているからである。

ＬＡエクスプレス・パークやそれに類したすべてのシステムの本当の弱点は、それらがとことん不平等な資本主義社会の内部で実行されるという点にある。そうした社会では、富裕な人間にはなんでもない駐車スペースの六ドルも貧困な人間には痛い。それゆえ、このシステムは本質的に不平等なのである。したがって市場計画のシステムを攻撃するのではなく、この基本的な不平等を支えているものをくつがえすことが必要だ。つまるところ、これは資本主義的な資源配分のシステムを克服し、富の支配が平等化された世界――つまり、（第二章で引用したゴルツの一節を用いれば）「支払手段の配分」が本質的に平等であるような世界――へと足をふみだすことを意味している。

とはいえ、そこまではいかずとも、略奪的「シェアリングエコノミー」ビジネスの一部をいささか平等主義的なものへと転換させる方法がいくつかある。たとえば、経済ライターのマイク・コンチャルは「ウーバーの社会化」プランを提案している。[*26] かれの指摘しているとおり、この会社の労働者たちはすでに資本のほとんど――自動車――を所有しているために、シリコンバレーの一握りの資本家ではなく、労働者自身によって管理されるウーバー・アプリのように機能するオンライン・プラットフォームを労働者協同組合によって立ち上げることも比較的かんたんだろう。

現在の市場社会をこれほど残酷なものにしている不平等と対決するにあたって、生態学的限界を抱えた世界のなかで消費を組織するため、市場メカニズムを作動させてみる機会が、わたしたちには与えられているのかもしれない。それによってわたしたち全員が対等な立場で資本主義と気候変動を乗り越えられるようになるのだ。エコソーシャリストで『ジャコバン』誌の編集者であるアリッサ・バッティストニがヴァージニア・ウルフを引き合いにだしていうように、「日なたでのんびり生き」ながら。*27 訳注

ソーシャリズムはもろもろの限界のある世界であるが、だからといってその世界が自由に乏しいというわけではない。第一章で論じたように、コミュニズムもまたもろもろの限界をもつ。だがそれらの諸限界は完全に人間の社会的諸関係に限定されていた。「いっぽう」ここ［ソーシャリズム］では、もろもろの限界は物理的環境によってもまた課せられている。とはいえ、たとえ消費が必然的な制約をこうむっているにしても「稀少性が克服されていなくても」、わたしたちはそれでも労働を最小限に縮減できる。そして生態系の再構築に必要な仕事も、財力をもつ人間によって命令されるよりは公平にシェ

アすることができる。それはときに退屈な骨折り仕事かもしれない。そもそもわたしたちは本章を、リサイクルのためにアスファルトを剥がしている物語からはじめたわけだし。わたしもやったことがあるのだが、とてもおすすめはできない。しかし、刺激的で充実感をえられる仕事もあるはずだ。たとえば、それはロボット蜂や駐車アルゴリズムを設計することかもしれない。いずれにせよ、ソーシャリストのエコロジーは魅力的な挑戦に充ちているのであって、これはエコソーシャリズムの未来におけるいくばくかのコミュニズムなのである。

いいかえれば、ソーシャリズムの未来は、いっぽうで、レプリケーターの割り当て分を費消し、生態系再建部隊に出勤するといった、平凡なものであることが予想できる。しかし、そのいっぽうで、わたしたち自身の惑星を居住可能《テラフォーミング》なものとし、人類や現存する他の生物のすくなくとも一部を支えつづけられるような場所へと再構築するというようなくわだてでもある。いいかえれば、いまなお人類の生存できる場所でもあるような、まったくあたらしい自然を構築するという壮大なプロジェクトでもありうるのだ。この世界には、コミュニズムの未来のように刺激的で即興的な雰囲気はないかもしれない。だが、それでも万人にとって住みやすい場所となりうるのである。すくなくとも、これからみる最後の未来のヴィジョンに比べれば、そういえる。

訳注　この一節はヴァージニア・ウルフ『自分だけの部屋』からのものである。アリッサ・バッティストニ（Alyssa Battistoni）は、二〇二〇年現在、『ジャコバン』誌と『ディセント』誌の編集委員でありバーナード・カレッジの政治学担当助教授である。ここであげられているテキスト "Alive in the Sunshine"（Jacobin 13, Winter 2014）では、「地球の切迫した諸限界を認識し、かつわたしたちの限界のない創造的諸力能を展開させるコモンの政治を発展させること」の必要を確認しつつ、そうした政治へのマニフェストとみなしうるとしてヴァージニア・ウルフの一節が引用される。「あるいは春の陽光のもと、株式仲買人や著名な法廷弁護士が建物に閉じこもって、一年に五〇〇ポンドあれば日なたでのんびり生きていけるというのに、金、金、金と、ひたすら荒稼ぎしている様子を見てください」（片山亜紀訳『自分ひとりの部屋』平凡社ライブラリー、二〇一七年、第二章）。バッティストニはこの引用に、つぎのようにつづけている。「この五〇〇ポンドによって好きなように考えて書く自由をえることができる、そうウルフは述べている。わたしたちは、いくつかの項目をこのリストにつけくわえなければならない——普遍的健康保険やバスの無料チケットなど——が、七〇億もの人類すべてが日なたでのんびり生きるための方策を考案することは二一世紀の根本的課題であるといえよう」。

原注——第三章

＊1　Kim Stanley Robinson, *The Wild Shore*, New York: Tom Doherty Associates, 1984［大西憲訳『荒れた岸辺』ハヤカワ文庫、一九八六年］; *The Gold Coast*, New York: Tom Doherty Associates, 1988［大西憲訳『ゴールド・コースト』ハヤカワ文庫、一九九一年］; *Pacific Edge*, New York: Tom Doherty Associates, 1990.

＊2　John Christensen and Kim Stanley Robinson, "Planet of the Future," BoomCalifornia.com, 2014.

＊3　Istvan Csicsery-Ronay and Kim Stanley Robinson, "Pacific Overture: An Interview with Kim Stanley Robinson," LAReviewofBooks.org, January 9, 2012.

＊4　Robinson, *Pacific Edge*, pp. 5–6.

＊5　Stanley Jevons, *The Coal Question: An Inquiry Concerning the Progress of the Nation and the Probable Exhaustion of Our Coal-Mines*, London: Macmillan, 1865.

＊6　ハバードの理論に影響された近年の著作の一例としては、以下をみよ。Kenneth S. Deffeyes, *Hubbert's Peak: The Impending World Oil Shortage*, Princeton, NJ: Princeton University Press, 2008［秋山淑子訳『石油が消える日——歴史的転換を迎えたエネルギー市場』パンローリング、二〇〇七年］

＊7　Christian Parenti, "A Radical Approach to the Climate Crisis," *Dissent*, Summer 2013.

＊8　Minqi Li, "Capitalism, Climate Change and the Transition to Sustainability: Alternative Scenarios for the US, China and the World," *Development and Change* 40: 6, 2009, p. 1,047.

＊9　Barbara Ehrenreich, *Bright-Sided: How Positive Thinking Is Undermining America*, New York: Metropolitan Books, 2009.［中島由華訳『ポジティブ病の国、アメリカ』河出書房新社、二〇一〇年］

＊10　Napoleon Hill, *Think and Grow Rich,* Meridien, CT: Ralston Society, 1938; Rhonda Byrne, The Secret, Australia: Atria Books, 2006.〔山川紘矢、山川亜希子、佐野美代子訳『ザ・シークレット』角川書店、二〇〇七年〕

＊11　Kim Stanley Robinson, *Red Mars*, New York: Bantam Books, 1993〔大島豊訳『レッド・マーズ（上下）』創元SF文庫、1998年〕; Blue Mars, New York: Bantam Books, 1996.〔大島豊訳『ブルー・マーズ（上下）』創元SF文庫、二〇一七年〕

＊12　たとえば、以下をみよ。Andreas Malm, *Fossil Capital: The Rise of Steam Power and the Roots of Global Warming*, New York and London: Verso Books, 2016."

＊13　Bruno Latour, "Love Your Monsters," *Break Through* 2, Winter 2012.

＊14　Ibid

＊15　Ibid.

＊16　Ken MacLeod, *The Cassini Division,* New York: Tor Books, 2000, p. 62.

＊17　Francis Spufford, *Red Plenty*, London: Faber and Faber, 2010.

＊18　Kim Stanley Robinson, *2312*, New York: Hachette Book Group, 2012, p. 125.〔金子浩訳『2312――太陽系動乱（上）』創元SF文庫、二〇一四年、一八六頁〕

＊19　ibid.〔一八七頁〕

＊20　Erik Olin Wright, "Transforming Capitalism through Real Utopias," *American Sociological Review* 78: 1, 2013, p. 7.

＊21　Donald Shoup, *The High Cost of Free Parking*, Washington, DC: APA Planners Press, 2005.

＊22　Leon Trotsky, "'Business Secrets' and Workers' Control of Industry" in *The Transitional Program*, Marxists.org, 1938.〔西島栄訳「「商業上の秘密」と産業の労働者統制」『資本主義の死の苦悶と第四インターナショナルの任務』https://www.marxists.org/nihon/trotsky/1930-3/kato-kouryou.htm#BM07〕

＊23　Leon Trotsky, "Conditions and Methods of Planned Economy" in *Soviet Economy in Danger: The Expulsion of Zinoviev*, Marxists.org, 1932.〔湯川順夫、西島栄訳「計画経済の条件と方法」『危機に立つソヴィエト経済（第二次五カ年計画を前にして）』https://www.marxists.org/nihon/trotsky/1930-1/se-kiki.htm〕

＊24　Bertell Ollman, "Market Mystification in Capitalist and Market Socialist Societies," in Bertell Ollman and David Schweickart, eds., *Market Socialism: The Debate Among Socialists*, London: Routledge, 1998, p. 81.

＊25　Ibid.

＊26　Mike Konczal, "Socialize Uber: It's Easier than You Think," *The Nation*, December 10, 2014.

＊27　Alyssa Battistoni, "Alive in the Sunshine," *Jacobin* 13, Winter 2014.

第四章　エクスターミニズム——ヒエラルキーと稀少性

ニール・ブロムカンプの二〇一三年の映画『エリジウム』が描くのは、二一五四年のディストピアな地球である。少数のエリート——一パーセントといってもよい——がエリジウムという名の宇宙ステーションに逃避している。そこでかれらは、安逸で余暇に充ちた生活を享受している。その生命も、奇跡のごときメドベイ（Med-Bay）技術［あらゆる病を完治させるＭＲＩのような装置］のおかげで永遠であるようにみえる。いっぽう地球では、それ以外の人類が、ロボット警察に管理された人口過剰で汚染された環境のなかで暮らしている。筋書きの中心にいるのは、放射能に汚染された地球に住む下層民のひとり、マックス（マット・デイモン）だ。物語は、このマックスがエリジウムという聖域に侵入し、その驚異的な医療技術にアクセスしようとするところからはじまる。

エリジウムの政治経済システムを映画から推測するのはむずかしいが、いくつかの示唆的テーマはみてとれる。なかでももっとも重要なのは、エリジウムの富裕層が経済的に地球にさして依存しているようにはみえない点である。たしかに工場はある。マックスはそこで働いているしエリジウムのエリートの一人がそれを経営している。だがこの工場の目的は武器とロボットの生産にかぎられている。さらにその武器とロボットの目的はというと、地球の住民を管理することなのだ。地球の住人はプロレタリアートというよりは、およそ強制収容所の収容者のようにみえる。その住民たちは、労働を搾取されているというよりは、たんに収容されているのである。それゆえエリジウムの政治経済システムは、たとえば、『ハンガー・ゲーム』[訳注]のそれとは異なっている。『ハンガー・ゲーム』では、パネム［国家］のキャピタル・シティにおける安楽な生活様式は、それを取り囲む貧民が基幹的な商品を生産する「地区《ディストリクト》」によって支えられていた。

『エリジウム』のエンディングは、富裕者の生活様式を万人に全般化する可能性を示唆している。ぜいたくと不死を万人に、である。しかしながら、ここには一抹の両義性がある。これまでの章では、そうしたポスト稀少性の社会が階級のヒエラルキーという条件のもとで生まれることになれば、それは知的所有権に重点をおくレント経済の形態をとる可能性が高いと述べてきた。『エリジウム』は、それとは異なっているようにみえる。すなわち、ヒエラルキー／平等、稀少性／豊かさという軸の四番目の組み合わせ、稀少性は克服されているが、それが万人にとってではなく、少数のエリートにとってのみであるような世界である。

少数者のコミュニズム

皮肉なことに、『エリジウム』の泡《バブル》［隔離領域としての宇宙ステーション］内の生活はこれまで描写してきたコミュニズムのシナリオとさしたるちがいはない。［とはいえ決定的な］差異がもちろん存在するのであって、そのコミュニズムが少数者のものであるという点である。すでに現代経済はこの方向にむかう趨勢にある。チャールズ・ストロスが指摘しているように、ほとんどの物財が実質的に無料である世界に超富裕層は暮らしている。つまり、莫大な富を所有するかれらにとっては、食糧、家屋、旅行などのコストはごくささいなものなので、そもそもコストそのものを考慮に入れる必要もほとんどないのである。望んだものは、なんでも手に入るのだ。

訳注　スーザン・コリンズの小説をもとにした二〇一二年公開のアメリカ映画。独裁国家のパネムでは中核であるキャピトルを囲む一二の地区から若い男女一名ずつが選ばれ、たがいに殺戮し合う「ハンガー・ゲーム」がおこなわれている。

超富裕層にとって、それゆえ世界システムはすでにこれまで描いてきたようなコミュニズムに似ている。もちろん、かれらのポスト稀少性の環境は機械によるのみならず、世界の労働者階級の労働によって可能になっているのであって、その点は異なっている。しかし未来の展開にかんする楽天的観点――コミュニズムとして描いてきた未来――からすると、わたしたちは最終的には、ある意味で万人が一パーセントであるという状態にたどりつくことになる。ウィリアム・ギブスンの有名な言葉にあるように「未来はすでにここにある。たんにそれが不均等に配分されているだけだ」[*1]。

富裕層が今日享受している物質的生活水準を万人が享受するには、資源やエネルギーが稀少でありすぎるとしたらどうだろうか？　生産にもはや大量のプロレタリアートの労働力を必要としないが、高度の水準の消費を万人に与えることのできないような未来が待っているとしたら？　この未来が平等主義的なものであるとしたら、そのシステムは前章で記述したような「自然環境」保全のシェアされたソーシャリズム体制に似ているであろう。しかし、もし特権的エリートと地を這う大衆の分極化した社会にとどまるとすれば、見通しははるかに暗いものになる。富裕層は、じぶんのレプリケーターやロボットによってあらゆる必要が充たされることがわかって、安逸を貪るであろう。

それでは残りの人間はどうなるのだろう？

ヒエラルキーと資源の稀少な世界という条件のもとで生産が自動化する大きな危険は、それが大量の人間を支配的エリートの立場からは余分なものにしてしまうことである。これは、資本と労働の敵対性が利害の衝突と相互依存の関係というかたちをとる資本主義とは対照をなしている。つまり「かつての資本主義においては」労働者たちは、敵対しながらも、じぶんたちが生産諸手段を支配していないという意味で資本家たちに依存していた。そして資本家も、その工場や店舗の運営に労働者たちを必要としていたのである。

実のところ、過去の多くのソーシャリスト運動に希望や確信を与えているのは、この相互依存であった。資本家《ボス》たちは、われわれを憎んでいるかもしれないが、かれらはわれわれを必要としている。それが、われわれに、かれらに対する力と影響を与えている、と。古い労働者やソーシャリストたちのスタンダードナンバーである「ソリダリティ・フォーエバー」［一九一五年にＩＷＷ（世界産業労働組合）のためにラルフ・チャップリンによってつくられたが、それを越えて広範に唄われた労働組合賛歌］において、労働者の勝利は不可避なものであった。というのも「かれらは労せずして権利なき巨万の富を手にした／だがわれらの頭脳と筋力なしには歯車のひとつもまわらない」からである。ロボットの台頭とともに、後半の一節は妥当性を失った。

経済的に過剰である窮乏化した群衆の存在は支配階級にとっては大いなる脅威である。かれらはもちろん、来るべき財産の没収に怯えることだろう。この脅威に直面した場合の行動パターンがいくつか存在する。大衆をある程度の資源の再分配で買収すること。すくなくとも資源の制約がそれほど大きくないならば、富裕層がみずからの富を社会福祉プログラムの形態で分配することで、これが可能である。だが、富裕層の生活に潜在的に稀少性が再導入されてしまうことにくわえて、この解決法では大衆の側の要求がどんどん高まっていき、こうしてふたたび没収の恐怖を高める可能性がある。

大恐慌と第二次大戦のあとで、福祉国家が隆盛をきわめた時代に起きたのが本質的にはこれである。しばらくのあいだ、手堅い社会的給付と強力な労働組合とが高収益と急速な成長と同期し、それによって労働と資本は不安定な和平を享受した。だがまさにこの繁栄そのものが導いたのは、労働者がますます強力になり、労働条件にかんする干渉を高めていくという状況だった。そこで経営者たちは、収益と労働現場の支配が、どちらもみずからの手を離れてしまうのではないかという恐怖にさいなまれはじめたのである。資本主義社会においては、これは避けがたい緊張である。経営者は労働者を必要とするものの、いっぽうで労働者の潜在力に怯えるのである。

それでは、もし大衆が、危険であるがもはや労働者階級ではないようなとき、つまり支配者にとって価値がないようなとき、いったいなにが起きるのだろうか？　やがてだれかが、かれらを根絶すればよいという考えにいたるだろう。

みなごろしの最終段階《エンドゲーム》

一九八〇年にマルクス派の歴史家E・P・トムスンが、冷戦と核による絶滅の脅威にかんする考察を公刊したが、そのタイトルは「エクスターミニズム［絶滅主義］についての覚書、文明の最終段階（Notes on Exterminism: The Last Stage of Civilisation, Exterminism and the Cold War）」*2というものだった。そこでかれは、資本主義と共産主義が、ともにミリタリズムと戦争へとむかう、その高まる傾向について考察をおこなっている。かれの考えるところでは、ソヴィエト連邦の計画経済であれ合衆国の資本主義市場であれ、軍拡競争と軍事の増強を、自陣営の政治経済システムを防衛するための手段にすぎないとみなすのは的を外している。富裕な資本主義諸国の経済では軍産複合体が経済に占める割合は増すばかりであり、ソヴィエトもおなじくますます軍事の構築に熱をあげていた。

トムスンの提起によれば、このような社会の仕組みを理解するためにはあたらしいカテゴリーが必要である。かれはマルクスの『哲学の貧困』より有名な一節を引用している。「手回し挽き臼《ひきうす》は諸君に、封建領主を支配者とする社会を与え、蒸気挽き臼は諸君に、産業資本家を支配者とする社会を与えるであろう」[*3]。つまり、ひとつの社会の中心的な経済的諸関係が変化すれば、その社会のすべての社会的諸関係もそれにともなって変化する傾向がある、ということだ。軍事産業主義（military industrialism）の論理にたちむかいながら、トムスンはこう問いかけている。「人間の絶滅の手段を次々とつくりだしながらいま作動しているこの悪魔の挽き臼によって、わたしたちに与えられているものはなにか？」。「エクスターミニズム」というカテゴリーが必要である。これが、かれの回答であった。この用語は「その帰結が大衆の絶滅であるような方向へと社会を促していく諸特徴」を包括しており、「その諸特徴は、さまざまな度合いで、経済、政治体制、イデオロギーの内部に表現されている」[*4]。

トムスンが議論の対象としていた具体的情勢はあらかた消えた。たとえば、もはや冷戦もソヴィエト連邦も存在しない。ロシアや中国との大国間紛争をノスタルジックに復活させんとする軍国主義的ネオコンらの多大なる努力にもかかわらず、トムスンの頭に取り憑いていた核の恐怖の暗い影と「現在の状況と」は比較すべくもない。そこでわたしは四つの仮説的社会の最後のものを記述するために、この用語を再利用したい。しかし、ここから論じたいのは、別のかたちをとるとはいえ、やはり「その帰結が大衆の絶滅であるような方向へとむかっていく社会」なのである。

わたしたちの世界は、いまだ強力に軍事化した世界である。米国の軍事予算がその経済に占める割合はトムスンがこの論考を書いた時代とほとんど変わらない。しかし、いわゆる「テロとの戦争」の時代の諸紛争は、技術的に進んだ軍隊が脆弱な国家や無国籍な反乱軍と戦うといった、非対称という特徴を有している。さらに、こうした状況から獲得された教訓がこんどは自国内に回帰し、国内の警察行動の軍事化を招いているのである。

支配階級が労働者階級の労働力の搾取にもはや依存しない世界とは、貧困層が厄介者の危険のタネでしかない世界である。貧困層を取り締まったり抑圧したりすることは、つきつめていえば、正当化できる／できない以前に、非常に手がかかるようだ。これが

「群集《マルチチュード》の絶滅」にむから衝動はここに端を発している。その最終段階《エンドゲーム》は、字義通りの貧困者の絶滅であって、それにより目障りな貧乏人《ラブル》どもはついに一掃され、富裕層はエリジウムのなかでぬくぬくと暮らしていけるというわけだ。

一九八三年の論文で、ノーベル賞経済学者のワシリー・レオンチェフは、本書で考察してきた大量失業の問題を予測していた。「いささかショッキングであるが本質的に適切なアナロジー」である、と、控えめにではあるがつぎのように述べている。

コンピューター化され、自動化され、ロボット化された新装置が導入されるにつれ、労働の役割はその比重を落としていくことが予想される。この過程は、農業においてトラクターなどの機械装置が馬やそれ以外の輓獣の必要を低下させ、それから完全に不要のものにした過程と似ている。*5

かれのいうように、こうして大多数の人間はつぎのような結論にいたる。「人間の観点からすれば、使えない馬を維持することには……ほとんど意味がない」。その結果、米国の馬の頭数は一九〇〇年の二一五〇万から一九六〇年の三〇〇万まで激減した。*6 レオンチェフは、二〇世紀中盤のテクノクラートらしい屈託のない自負をもってこう表明している。すなわち、人間は馬ではないから、われわれが社会の成員すべてを支える方策をみいだすのは確実である、と。ゴルツをはじめとする賃労働の批評家を彷彿とさせる語調で、かれは主張する。「遅かれ早かれ……「雇用」の要求とは、なによりまず「生計」、つまり適度の収入の要求であることは認めるよう余儀なくされるであろう」[*7]。しかしながら、今日の支配階級の傲慢で残酷な態度をみれば、このことをもはや自明視することはできない。

幸いなことに、いまは道徳的規範なるものがそれなりに発達していて、富裕層ですらこの〈最終解決〉に安直に訴えるには心理的にハードルが高い。したがって、かれらのとる最初の一歩は、『エリジウム』の登場人物のように端的に貧困者からの逃避である。しかし「過剰」人口のたんなる囲い込みと統制から、永続的根絶の正当化のほうにじわじわと移行している過程も、わたしたちには観察できるのだ。

飛《エン》び《クレ》地《ーヴ》の諸社会と社会統制

社会学者のブライアン・S・ターナーは、わたしたちの社会を「エンクレーヴ［飛び地］社会」と呼んでいる。[*8] グローバリゼーションによる移動性の増大という神話にもかかわらず、わたしたちは実際には「政府をはじめとする諸機関が空間を規制し、必要な場合は、囲い込み、官僚的障壁、法的排除、登録システム」によって、「人間、モノ、サービスの流れをせき止めようとする、そのような秩序のもとにある」。[*9]

もちろん制限を受けるのは大衆の動きであって、エリートは依然として移動も活発で世界を股にかけている。常連客専用のラウンジや公立病院における個室のように、ターナーのあげる事例にはいささかトリヴィアルなものもある。しかしより深刻な事例もある。たとえば富裕層にとってのゲーティド・コミュニティ（あるいはもっと極端な事例ではプライベート・アイランド）や貧困層にとってのゲットーである（警察は貧困者が「場違いの」空間にあらわれてこないよう、封じ込めておく任務を負っている）。生物学的隔離と移民制限によって、エンクレーヴの概念は国民国家のレベルにまで適用可能になっている。連邦刑務所であろうがグアンタナモの収容所であろうが、いずれにしても従順でない者にとっての究極のディストピア的エンクレーヴとして、監獄がそびえ立つ。ゲーティド・コミュニティ、プライベート・アイランド、ゲットー、監獄、テロリズムへの偏執、生物学的隔離――これらはいわば反転したグローバル強制収容所だ。貧困の大海に点々と散らばる富の小島に富裕層が暮らす、これがこの世界のパノラマである。

クリスティアン・パレンティは、その著作『カオスの回帰線――気候変動とあたらしい暴力の地理学（*Tropic of Chaos: Climate Change and the New Geography of Violence*）』で、このような秩序がどのように危機に瀕した世界の諸地域に形成されているかを示している。そこでは、気候変動が生態系の変化、経済的不平等、そして国家の失敗の「破局的収斂」をもたらしているのである。*10 植民地主義とネオリベラリズム以降、富裕国は、貧困国のエリートとともに、さまざまな部族的・政治的集団が、生態系へのダメージによって縮小していくいっぽうの果実をめぐっての抗争し合うという無秩序な暴力状態への解体を促進してきた。このような暗澹たる現実に直面して、富裕層の多数――グローバルな視点からすればそこには富裕国の労働者の多数もふくまれる――は、要塞に閉じこもり無人ドローンや民間の傭兵に保護されることを選んでいる。レンティズム社会の特徴であるガードレイバーが、より不吉な形態でここでもあらわれている。幸運な少数者が富裕層の用心棒や護衛人として雇用されているのである。

しかし、エンクレーヴの構築は最貧困地域に限定されているわけではない。世界中で富裕層は、富裕層の仲間以外から逃れたいという欲望を隠そうとしていない。二〇一三年の『フォーブス』誌の記事は、富裕層のあいだでホーム・セキュリティへの執着がますます手の込んだものになっている様子をレポートしている。[*11] あるセキュリティ会社の重役は、自身のロサンジェルスの家屋が「ホワイトハウスなみに」厳格なセキュリティであることを自慢している。赤外線センサー、顔認証技術、有害ガスや催涙ガスを散布する防御システムを売りだしているセキュリティ会社もある。これらはすべて、富裕とはいえ、ほとんど無名で、いわゆる「攻撃者」のとくに狙う標的になるようにはおもえない人びとにむけたシステムである。パラノイアとしかみえないかもしれないが、経済的エリートの多くは、みずからをじぶんたち以外の社会と戦争状態にある少数派とみなしているようだ。

シリコンバレーはこうした感情の温床であり、富豪たちは公然と「分離独立」を語っている。よく知られたあるスピーチで、サンフランシスコのゲノム分野企業の共同創設者であるバラジ・スリニヴァサン（Balaji Srinivasan）は、新興企業家たちに「われわれは、米国の外にテクノロジーで運営される会員制社会《オプトイン》を建設する必要がある」と語っている。[*12]さしあたりそれは傲慢であって、かれのような人間の生活がいかに労働者たちによって支えられているかについての無知の反映である。しかしそれと同時に、過剰人口とみなされている人びとからみずからを遮断したいという富裕層の衝動を語ってやまないのである。

それ以外にも浮上している傾向がある。会員制社会への移行よりも地味ではあるものの、それでも不穏なものである。すなわち、米国中の裕福な地域の住民たちが、隣人たちの（かれらがいうところの）脅威から身を守るために民間警備員を雇いはじめているのだ。オークランドでは近隣同士の小集団が結束して警備員を雇用しているが、ある地域ではクラウドファンディングで九万ドルも集めるキャンペーンをおこなっている。[*13]かくしてガードレイバーの数も膨れ上がるいっぽうである。

そして、大衆から身を隠すために、都市全体を建設しようとする人びとがすでに存在している。たとえば、ナイジェリアのラゴスの海岸沖では、レバノン人のデベロッパーのグループが家屋二五万戸を収容するプライベート都市、エコ・アトランティクを建設中だ。そこは「二酸化炭素の排出を最少に抑え、クリーンでエネルギー効率にすぐれた持続可能な都市」[*14]を謳っている。一日一ドル以下のインフォーマル経済にあえぐ数百万の近隣のナイジェリア人から、エリートたちが逃避できる場となる予定である。もうひとつの島、マンハッタン島もまた、徐々にグローバル富裕層のエンクレーヴと化しつつある。二〇一四年には、マンハッタン島の五〇〇〇万ドル以上の不動産売買の半数以上が外国人かペーパーカンパニーの背後にいる匿名のバイヤー（そのほとんどが非アメリカ人であると考えられている）によるものだった。[*15]こうした購買は、資金洗浄やうるさい政府からの財産隠し、そして自国の騒乱のさいの避難場所の確保といった複数の目的を充たすものである。

パラノイアと悪趣味な消費の交差点に、「富裕世帯むけの究極の生命保険ソリューション」をウェブサイトで掲げる、ヴィヴォス（Vivos）がある。そのウェブサイトは「富裕層の家族むけの究極の生命保険」を約束している。この会社はドイツのある山中に八〇戸の耐放射線メガバンカーを建築中だ。これらはふつうの地下シェルターというより、むしろ「にわか成金（nouveau riche）」好みの革とステンレスの装飾をほどこした高級マンションである。会社創設者のロバート・ヴィチーノ（Robert Vicino）は、『ヴァイス』誌のウェブサイトで、この複合施設を「地底ヨット」になぞらえている。二五〇万ユーロそこらであなたも余裕で黙示録を迎えることができるわけだ。そしてヴィヴォスは『フォーブズ』誌が「億万長者のシェルター」産業と呼ぶもののたったひとつの事例にすぎないのである。[*16]

エンクレーヴからジェノサイドへ

いまわたしたちは世間知らずの億万長者を嗤《わら》っている。たとえば二〇一四年に、ベンチャー・キャピタリストのトム・パーキンスは、富裕層に対する批判を一九三八年のドイツでのユダヤ人襲撃事件であるクリスタルナハトにたとえてみせた。[*17]あるいはカルティエ［リシュモングループ］の会長であるヨハン・ルパート（Johann Rupert）は、二〇一五年の『ファイナンシャル・タイムス』紙の会合で、貧困層の反乱を考えると「夜も眠れない」と発言している。[*18]こうした意見は不快なものだが、かれらなりの論理がないことはない。超絶的な不平等と大量失業の世界でも、しばらくのあいだは大衆を買収することはできるだろうし、実力で抑圧することもできるだろう。しかし窮乏した大衆が存在するかぎり、いつかはかれらを抑え込むことも不可能になるかもしれない。大量の労働が不要なものとなったとき、最終解決が浮上してくる。貧困者に対する富裕層の殲滅戦である。自動化の妖怪がふたたび頭をもたげている。ただし［かつてとは］まったく異なった仕方で。レンティズムのもとでは、自動化はますます労働者を端的にお払い箱にし、不完全雇用と弱い需要へとむかうシステムの趨勢を強化するであろう。エクスターミニズムの社会では、抑圧と絶滅の過程を自動化し機械化することができるので、支配者やその配下がおのれの活動の結果から顔を背けることも可能になる。

しかし抑圧からあからさまな絶滅への最終的移行が、本当にありうるのだろうか？そうした移行は、イスラエルによるパレスチナの占領のように、まず階級的対立が民族的対立と重なるような場所ではじまっている。かつてイスラエルは、安価なパレスチナ人の労働に強く依存していた。しかし政治経済学者のアダム・ハニーがいうように、一九九〇年代終わりから、アジアや東欧からの移民労働者がこうした労働者たちにとってかわるようになる。*19 こうしてパレスチナ人を労働力としては不要なものにしたイスラエルは、シオニストの入植者植民プロジェクトの狂信的要素を解き放つことができたのである。二〇一四年のガザ地区攻撃のさい、イスラエル政府は「自衛」を主張したが、それはほとんど笑うしかない空語であった。なによりかれらは、病院、学校、発電所を爆撃し、男性も女性も子どもも無差別に殺戮し、住宅の多数をなぎ倒したのであるから。イスラエル議会のメンバーからは公然たる大量殺戮の要求もあらわれた。たとえば、アイェレット・シャクド（Ayelet Shaked）は「パレスチナ人全体が敵である」と公言し、ガザ全体の破壊を正当化した。そこには「年寄りも、女性も、都市も、村も、財産も、インフラも」すべてふくまれるというのだ。[*20]

アメリカ人は自国の政治家たちがイスラエルによるガザに対する戦争にほとんど諸手をあげて賛成しているにもかかわらず、じぶんたちはそうした野蛮とは無縁であると考えているかもしれない。しかしノーベル平和賞を受賞したバラク・オバマはすでに、適正法手続きの体裁なしにアメリカ市民を殺害する権利を主張している。かれの政府は、アルゴリズム的手法を利用して、人物の認定を経由することなく、標的を特定することすらしているのだ。

二〇一二年、『ワシントン・ポスト』紙はいわゆる「ディスポジション・マトリクス」についての記事を掲載した。[*21]これはオバマ政権の「次世代標的リスト」のことである。

すなわちテロリストとして匿名のドローンによる暗殺の標的となったすべての外国人を追跡するために用いられる、一種の死の表計算ソフト《スプレッドシート》である。記事には、当局者からのぞっとするコメントが散りばめられている。たとえば、殺人ドローンは「家庭用の芝刈り機のようなものである」。というのも、どれほど多数のテロリストをあなたが殺害しようとも、「芝はふたたび生えてくるであろう」。不特定の殺戮の過程を簡素化しようとして、この過程の一部は自動化されている。『ワシントン・ポスト』紙は、いわゆる「識別特性爆撃《シグネーチャーストライク》」のためのアルゴリズムの開発も報じている。このいわゆる「「識別特性爆撃」のおかげで、CIAも〔統合特殊作戦コマンド〕も、行動パターンにもとづいて標的を攻撃できるようになった……殺害されるべき人間の身元が特定できない場合においてすらである[22]」。

こうした動きは相当数のアメリカ人に支持されている。悲しむべきことに、外国人あるいは他者とみなされた人間の死に対するこの無関心は、米国の戦争遂行に対する〔国内の〕反応を長いあいだ特徴づけてきた。しかしエクスターミニズム的思考様式は、外国人のみならず国内にもむけられている。米国で従順ではない過剰人口の根絶をすすんで承認する心理は、階級現象であることはいうまでもないが、レイシズムとも密接にからみ合っている。これはいまや二〇〇万人を収監している——その多数は暴力をともなわないドラッグ犯罪である——刑務所システムにもみることができる。そしてこのシステムは、最高裁判事のアンソニー・ケネディ（Anthony Kennedy）がカリフォルニアの刑務所システムの超過密問題についての見解で述べたように、「文明化された社会にはふさわしくない」「人間の尊厳の観念とは相容れない」[*23]環境のもとにあるのである。

アメリカの刑務所システムは、長期にわたり失業者を統制するひとつの手段であった。その外部にとどまる人間は買収し、そうでない人間は内部に封じ込めることによって、それは作動しているのである。カリフォルニアの刑務所システムの分析のなかでルース・ウィルソン・ギルモアは、収監者数の激増を「金のなる収容所《ゴールデン・グラーク》」の構築とみなしている。[*24]社会保障も仕事もない都市の若者は容赦なく警察の標的にされ、苛烈なドラッグ規制法やカリフォルニアの「三振（three strikes）」法のもとで長期にわたって拘禁される。その結果である刑務所建設の激増は、いっぽうで経済の低迷にあえぐ農村部に雇用をもたらす。農業が自動化されたり、超低賃金の移民労働者に押しつけられたり、製造業も脱工業化のなかで失われたりするなかで刑務所関連の仕事はこうした地域に残された最後の実入りのよい労働にひとつとなっているのだ。

実刑判決が、アルゴリズムに委ねられることさえ可能になってきたが、これによって当局関係者は、こうした悲惨の人間倉庫（werehouse of misery）の構築に積極的に関与していることを否認することができる。すくなくとも二〇の合衆国の州は、すでにいわゆる「証拠にもとづく判決《エビデンス・ベース》」を利用している。なるほど、その名称からは無害である印象を受ける。そもそも、証拠《エビデンス》の使用にだれが反対できようか？　ヴァージニア大学の法学教授でこの方法の提唱者であるリチャード・レディングは、「人間による」「透明」さや「完全なる合理性」を欠いた判決の手法は「非倫理的とさえいえるかもしれない」とまで述べている。*25 ところが、レディング自身の説明によれば、証拠にもとづく判決に考慮されるファクターには、特定の人間が「すでに」犯した犯罪のみならず、未来にかれらの犯すかもしれない犯罪までふくまれている。（「再犯の可能性を高めている」「危険因子」や「犯罪誘発的態度（criminogenic needs）である）。この点で、こうした「未来の犯罪リスク」のモデルは、フィリップ・K・ディックの小説の描く（のちにトム・クルーズ主演の映画となった）『マイノリティ・リポート』と不気味なまでに近接してくる。その小説では、「未犯罪」科が、まだ犯していない犯罪の廉《かど》で人を逮捕するのである。

今日では、右派のなかにすら、予算上の理由でのみとはいえ、大量収監を疑問視するむきもある。しかし、囚人や刑務所景気から恩恵を被る労働者をのぞく、これらの過剰人口はどうなるのだろうか？　ときに刑務所に入れるだけ幸運であることもある。かんたんに暴力に訴える文化が浸透している警察は、たとえ容疑は微罪であっても、あるいはまったくの潔白であっても、疑わしい人間を日常的に傷つけ殺害している。もちろん警察の暴力など、いまにはじまったことではない。だが二つの点で変化がある。まず、ますます軍事化し、ますます重武装化していること。つぎに、そのいっぽうで、インターネットやヴィデオ録画装置の普及によって、その行動の記録が容易になっていること。

ラドリー・バルコは、警察の軍事化を「兵隊警官《ウォリアー・コップ》」の登場とみなしている。[*26] 警察はますます軍隊風に身を固め、軍事的観点から思考する。もともとはハイレベルの脅威への対応として設立された重武装の準軍事的ユニットであるSWATチームは、いまでは日常的事象にも動員されている。一九七〇年代にはSWATによる捜査は年間数百程度であった。ところがいまやその数は、一日に一〇〇から一五〇の数にのぼる。こうした捜査が、マリファナ所持やギャンブルのような微罪に対しておこなわれることもしばしばである。それにその捜査も、認可検査《ライセンス・インスペクション》のような「行政調査」の名目であれば令状なしで可能である。こうした捜査の様子を撮影した動画をインターネット上でみることができるが、そこからはごく微量のマリファナのために重武装した大隊が家屋を襲うというシュールな恐怖が伝わってくる。

その結果、死傷した容疑者やその家族が続々と生みだされている。ただし、それがそもそも容疑者ではないこともある。バルコが詳細に示しているように、家屋へのSWATチームによる誤った捜査もひんぱんに起きているのである。二〇〇三年のある出来事をかれは例にあげている。ニューヨーク市警が匿名のたれこみでドラッグ・ディーラーのアパートメントと目した家屋に「閃光弾」を投げ込み、五七歳の政府職員であるアルベルタ・スプルイル（Alberta Spruill）が心臓発作で死亡した。

その標的がただしい場合であっても、軍事化した警察の対応が、そもそも最初に通報した人間が意図しなかった混乱や破壊を招くこともある。二〇一五年のドキュメンタリー『治安官《ピース・オフィサー》』には、ユタ州の田舎の元保安官ダブ・ローレンス（Dub Lawrence）の逸話が紹介されている。もともとはガールフレンドからのドメスティック・バイオレンスの通報からはじまった膠着状態のなかで、かれの義理の息子がSWATチームに狙撃されてしまったのだ。それをきっかけに、ローレンスは警察批評家になった。[*27]

街頭レベルでもまた、警察の暴力の脅威は、とりわけアフリカ系とラテン系にとっては、恒常的なものである。二〇一四年七月、ニューヨーク市住民のエリック・ガーナー（Eric Garner）が、無課税たばこ［一本ごとにバラして売られる］の販売をおこなった容疑で警官に締め上げられたあと死亡している。かれの死は大きな反響を巻き起こしたが、そのひとつの理由は、この事件が携帯電話のカメラで録画されていたためであった。またもうひとつの理由は、この事件があまりに日常に蔓延していた事態を浮き彫りにしたからである。それからまもなく、ミズーリ州のファーガソンの路上でマイク・ブラウン（Mike Brown）が撃たれ、それが全米レベルの運動に火を着けた。状況の詳細には論議があるが、ブラウンが丸腰であったこと、狙撃した警官が［歩道ではなく］車道を歩くという「重い罪」をめぐって起こした対立をきっかけとしていることは、衆目の一致するところだった。こうした事件は、全米で起きている類似の事件の氷山の一角であり、長年にわたってたえまなく起きている暴力のほんの一部である。たとえばオークランドでは、警察によるオスカー・グラント（Oscar Grant）の殺害事件が起きた。グラントは、バート鉄道［サンフランシスコの鉄道］での喧嘩の通報によって鉄道警察に拘束されたあと、警官によって人種差別的な罵声を浴びせられ、さらに拘束され頭をプラットフォームに押しつけられているにもかかわらず狙撃された。これを通りがかりの人間が携帯電話の動画に収めていた。それをきっかけに抗議運動が沸き起こり、オキュパイ・オークランド運動の重要な先触れとなったのである。

近年の警察の軍事化のルーツをたどっていくと、一九六〇年代の社会的騒乱に帰着する。この時期、国家は黒人による解放運動や反戦運動の鎮圧をもくろんだ。警察が占領軍のようなものへと変貌する過程は、アメリカの帝国主義や海外での戦争遂行と不可分である。というのもそれは、対外戦争を国内に持ち込むといった事態でもあったからである。それは字義通りでも比喩的な意味でもそうである。歴史家のジュリリー・コーラー＝ハウスマンは「米国内の」諸闘争とベトナム戦争の交錯を描きだしている。つまり「都市のジャングル」といったイメージが「都市警察が貧困地域における戦争のような包囲戦に関与している、といった発想を広範に社会的に拡散すること」に貢献したのである。*28軍事化のこの過程は、たんなるイメージのみならず、戦場から国内戦線《ホーム・フロント》へ流入する武器をとってみても、「対テロ戦争」の時代に加速している。

文化的転換の拡散にとどまることなく、軍事化した取り締まりは意図的な国家戦略として理解されねばならない。連邦政府は反テロリズムを口実としながら、地方警察を警官より兵士に近い存在に変化させている。警察官の多くが退役軍人であり、イラクやアフガニスタンなどでの経験によって民間人の死には慣れている。米国政府も、地域治安維持活動局（Community Oriented Policing Services）のプログラムを通して、退役軍人を雇用する機関に助成金を優先的に配分するなどして兵士の警察官への転身を促している。かれらの使用するテクノロジー――たとえばいまやどんな小さな町でもその街頭を彩っている巨大な装甲戦闘車両――は、用途転換した軍事装置なのである。国土安全保障省は、大小の警察署がこのような装備を購入できるように「反テロリズム」助成金を交付している。それ以外の機関も、イラクやアフガニスタンから撤退した部隊が放出した余剰の軍事装置を配分する防衛省の１０３３プログラム［軍事用余剰装備移転プログラム］に参加することで、同様の装備を無料で獲得することができるのだ。[*29]

その結果、耐地雷・伏撃防護車両（Mine-Resistant Ambush Protected：ＭＲＡＰ）が人口五三五〇人のフロリダ州ハイスプリングスのような場所にも送られるという珍事が起きている。[*30]この戦車のごとき重武装の車輛はもともとイラクやアフガンの反乱軍――フロリダ中央部ではあまりみかけない人たちだ――による爆撃から兵士を護るために使用されていた。おそらく、だから――あるいは警察が正気を示す稀な例かもしれないが――、ハイスプリングスの警察署長が、受け取ってから一度も使う機会がないので別の機関にお譲りしたいと申しでたのも意外ではない。しかしそれ以外の警察署のなかには、ファーガソンでの事件の映像などにもみられるように、装甲車や身体防護服をすすんで導入するところもある。ポール・バーホーベンの一九八七年の映画『ロボコップ』を彷彿とさせるようなこうしたイメージに、わたしたちはまたたくまに慣れてしまった。この映画は、公開当時は、軍事化した近未来のデトロイトの不条理なまでに突拍子もないディストピア的世界の描写が意図されていたのだが。

兵士警官はキセル乗車者や［無課税］タバコの売人、ギャンブラーあるいはマリファナ吸引者にとっての危険であるばかりでない。かれらの動静は、米国だけでなく世界中でみることができるように、政治的動員の動静とむすびついている。大衆による抗議行動は、あらゆる地域ですでに暴力的に抑圧されている。一般的に権威主義的体制とみなされているエジプトや中国にかぎったことではない。市民的自由組織の国際ネットワーク（International Network of Civil Liberties Organizations）による二〇一三年の報告書によれば、「社会的・政治的見解の表明を目的としたそのほとんどが平和的である集会に対して、致死的で殺傷的な実力の使用」が、カナダからエジプト、ケニア、南アフリカ、アメリカ合衆国にまでいたる各地域に拡がっている。[*31] オキュパイ運動の弾圧はこの事例のひとつである。それは全米中の都市を横断して展開された武装警官隊による実力行使のショーであった。元NSAの内部告発者であるエドワード・スノーデンらが暴露した監視国家技術は、異議申し立てを抑圧し活動家による行動を監視するための国家の道具立てがどれほど強力かを示すものであった。

このような文脈をふまえれば、非人道的な刑務所、暴力的な警察の取り締まり、たまにおきる略式処刑から、組織的な絶滅の諸形態に移行するのを予見することは、ますます容易となっている。無人戦闘ドローンの性能の向上とむすびついたアルゴリズム的標的設定は、標的から暴力の行使者を遠ざけることによって、大量殺戮による道徳的ためらいを緩和するであろう。操作者は、殺人ロボットを操作しながら、遠く離れたコントロール室でぬくぬくと腰をおろしていられるのである。この光景は、オースン・スコット・カードの『エンダーのゲーム』の世界に接近している。この物語では、まずある子どもがスカウトされて、異星人との戦争に備えて訓練を受ける。最終訓練の一環として、かれは一個の母星《ホームワールド》全体を破壊するシミュレーションに参加する。もちろんそれはシミュレーションではなかった。若いエルダーは実際に大量殺戮をおこなうことで戦争を終結させるのである。わたしたちの世界で、このようにいっさいが欺瞞のままにことがすすむことはないだろう。だがすでにわたしたちは、政治的・経済的エリートが、みずからを偉大なる人道主義者だと確信したまま、深刻化する貧困や死を正当化するそのさまを、目の当たりにしているのだ。

原注――第四章

＊1 William Gibson, "The Science of Science Fiction," *Talk of the Nation*, Washington, DC: National Public Radio, November 30, 1999〕

＊2 E. P. Thompson, "Notes on Exterminism: The Last Stage of Civilisation, Exterminism and the Cold War," *New Left Review* 1: 121, 1980〔河合秀和訳「絶滅主義、文明の最後の段階についての覚書」『ゼロ・オプション――核なきヨーロッパをめざして』岩波書店、一九八三年〕

＊3 Karl Marx, *The Poverty of Philosophy,* Marxists.org, 1847.〔平田清明訳「哲学の貧困」『マルクス＝エンゲルス全集　第四巻』大月書店、一九六〇年、一三四頁〕

＊4 Thompson, "Notes on Extremism," p. 5〔前掲、一三八頁〕

＊5 Wassily Leontief, "Technological Advance, Economic Growth, and the Distribution of Income," *Population and Development Review* 9: 3, 1983, p. 405.

＊6 M. Eugene Ensminger, *Horses and Horsemanship*, 5th ed., Shawnee Mission, KS: Interstate Publishers, 1977.

＊7 Leontief, "Technological Advance," p. 409.

＊8 Bryan S. Turner, "The Enclave Society: Towards a Sociology of Immobility," *European Journal of Social Theory* 10: 2, 2007.

＊9 ibid., p.290

＊10 Christian Parenti, *Tropic of Chaos: Climate Change and the New Geography of Violence,* New York: Nation Books, 2011.

＊11　Morgan Brennan, "Billionaire Bunkers: Beyond the Panic Room, Home Security Goes Sci-Fi," Forbes.com, December 16, 2013.

＊12　Anand Giridharadas, "Silicon Valley Roused by Secession Call," *New York Times*, October 29, 2013.

＊13　Puck Lo, "In Gentrifying Neighborhoods, Residents Say Private Patrols Keep Them Safe," Al Jazeera America, May 30, 2014.

＊14　Martin Lukacs, "New, Privatized African City Heralds Climate Apartheid," *Guardian*, January 21, 2014.

＊15　Louise Story and Stephanie Saul, "Stream of Foreign Wealth Flows to Elite New York Real Estate." *New York Times*, February 7, 2015.

＊16　Morgan Brennan, "Billionaires'Bunkers." 〔これについては、 http://blog.livedoor.jp/genkimaru1/archives/2001963.html を参照〕

＊17　Tom Perkins, "Progressive Kristallnacht Coming?" *Wall Street Journal*, January 24, 2014.

＊18　Adam Withnall, "Cartier Boss with $7.5bn Fortune Says Prospect of the Poor Rising Up 'Keeps Him Awake at Night,' " *Independent*, June 9, 2015.

＊19　Adam Hanieh, "Palestine in the Middle East: Opposing Neoliberalism and US Power," *Monthly Review*, July 19, 2008.

＊20　Michael Lerner, "The New Israeli Government: It' s Worse than You Think," *Tikkun*, May 7, 2015.

＊21　Greg Miller, "Plan for Hunting Terrorists Signals US Intends to Keep Adding Names to Kill Lists," *Washington Post*, October 23, 2012.

＊22 Ibid.

＊23 *Brown v. Plata*, 134 S. Ct., No. 09-1233 (2011).

＊24 Ruth Wilson Gilmore, *Golden Gulag: Prisons, Surplus, Crisis, and Opposition in Globalizing California,* Oakland: University of California Press, 2006.

＊25 Richard E. Redding, "Evidence-Based Sentencing: The Science of Sentencing Policy and Practice," *Chapman Journal of Criminal Justice* 1: 1, 2009, pp. 1–19.

＊26 Radley Balko, *Rise of the Warrior Cop: The Militarization of America's Police Forces*, New York: Public Affairs, 2013.

＊27 Karen Foshay, "When the SWAT Team You Founded Kills Your Son-in-Law," Al Jazeera America, March 19, 2015.

＊28 Julilly Kohler-Hausmann, "Militarizing the Police: Officer Jon Burge's Torture and Repression in the 'Urban Jungle,' " in Stephen Hartnett, ed., *Challenging the Prison-Industrial Complex: Activism, Arts, and Educational Alternatives,* Urbana: University of Illinois Press, 2010, pp. 43–71.

＊29 American Civil Liberties Union Foundation, *War Comes Home: The Excessive Militarization of American Policing*, ACLU.org, June 2014.

＊30 Paulina Firozi, "Police Forces Pick Up Surplus Military Supplies," *USA Today*, June 15, 2014.

＊31 International Network of Civil Liberties Organizations, *Take Back the Streets: Repression and Criminalization of Protest Around the World*, ACLU.org, October 2013.

結論　いくつかの移行と展望

ここまで強調してきたように、この著作は未来予測《フューチュアリズム》の試みではない。つまり、社会の行く末の正確な進路を予言しようとするものではない。そもそも、そうした予言というものは、これまでも相当に外れてきた。しかしそれだけではない。予言は、宿命のオーラをかもしだし、それによってわたしたちを傍観者にし、運命を受動的に甘受するよう促してしまう。本書がひとつの未来ではなく四つの未来を描いた理由は、自動的に起きることなどなにもないということを示すためでもある。前途を定めるのは、わたしたち自身なのだ。

気候活動家たちはいま、気候変動に対して、エクスターミニズム的解決ではなくソーシャリズム的解決をもとめて闘っている（たとえかれらがそのように表現しなくても）。種子から音楽にいたるまで、あらゆるものの厳格な知的所有権に対抗して知識へのアクセス［権］をもとめて闘っている人びとは、レンティズムのディストピアを阻止し、コミュニズムの夢想に変わらぬ生命を吹き込もうと闘っている。こうした運動をそれにふさわしく詳細にカバーするためには、それぞれの書物が必要となるだろう。それゆえ、ここで不可能な要約を試みるより、四つの未来をたんなる自己充足的ユートピアの理想としてではなく、ダイナミックで継続的な政治的プロジェクトの対象として考察するさいに生じる複雑さについて、若干の考察をくわえて終えることにしたい。

左派的な平等主義的指向性をもった人間ならだれしも、レンティズムとエクスターミニズムが悪の側、ソーシャリズムとコミュニズムが善の側の希望を表現していると考えるであろう。こうした理想的社会をたんに最終的な目標地としてあるいは旗印を掲げるスローガンとしてしか考えていないならば、それはただしい。しかし、こうしたモデル社会のいずれも、現在の社会的諸関係を一夜にして一変させながら実現できるようなものでもない。実際、おそらくこれらのどれもが純粋な形態で可能であることはない。端的に、歴史はそうするにはあまりに複雑なものだからだ。そして現実の社会は、いかなる理論的モデルのパラメーターも越えている。

それゆえ、わたしたちは、最終的な目的地の正確な性格よりも、こうしたユートピアやディストピアにむかう過程にとくに関心を寄せるべきなのだ。とりわけユートピアにむかう道のりは、必ずしもそれ自体がユートピアではないがゆえに、そうなのである。

第一章では、ユートピア的最終目標へのとくに空想的でユートピア的な過程、つまり普遍的ベーシック・インカムが完全なるコミュニズムへ転化することを促すような「コミュニズムへの資本主義的道」を示唆してみた。しかしこの移行には、いま政治と経済をともに支配している超絶富裕なエリートの地位剥奪がともなっている。現実のベーシック・インカム計画のかぎられた歴史的経験の示唆するところによれば、富裕層がみずからの富や権力の縮小に甘んじることはありそうにない。それゆえ困難な闘争が待っているであろう。

たとえばナミビアのオティヴェロ＝オミタラ地区で実施された実験的プロジェクトを考えてみよう。二年間、村のだれもがひと月に一〇〇ナミビアドル（およそ一三USドル）を受け取った。人道的な観点からすれば、そうした最小のベーシック・インカムですら大いなる成功であった。つまり学校の出席率は急上昇し、子どもの栄養失調も激減し、犯罪数すら減少した。ところが、このことは地域のエリートを構成している白人の農業者たちにはどうでもよいことだった。かれらはすべての証拠に逆らって、ベーシック・インカムによって犯罪とアルコール中毒が蔓延したと主張した。このベーシック・インカム・プロジェクトの実施を援助した経済学者で神学者のダーク・ハーマン（Dirk Haarmann）によれば、かれらは「貧困層が影響力を増大させ、住民の二〇パーセントの白人富裕層からその権力を剥奪するのではないかとおそれた」のである。*1

そしておそらくより直接には、ひと月に一〇〇ナミビアドルも受け取ってしまったら農作業を時給二ドルの最低賃金ではだれもやろうとしなくなる、という懸念がそこにあったのだろう。

それゆえ豊かさと平等の世界への移行は、波乱と抗争に充ちたものになるであろう。富裕層がみずからの特権を自発的に手放すことがないとすれば、実力によって没収せねばならないのだが、そうした闘争は双方の側に悲惨な結果をもたらす可能性がある。というのもフリードリヒ・ニーチェが有名なアフォリズムにおいて述べたように、「怪物と闘う者は、そのためおのれ自身も怪物とならぬよう気をつけるがよい。お前が永いあいだ深淵をのぞきこんでいれば、深淵もまたお前をのぞきこむ」[*2]。あるいはコミュニストの詩人であったベルトルト・ブレヒトも書いているように、野蛮なシステムに対する革命は、それに参加するものに、それ自身、野蛮を行使することもありうる。

とはいえ、ぼくたちは知っている
憎しみは、下劣なものにたいするそれですら
顔をゆがめることを
怒りは、不正にたいするそれですら

声をきたなくすることを。ああ、ぼくたちは
友愛の地を準備しようとしたぼくたち自身は
友愛をしめせはしなかった。*[3]

あるいは毛沢東がそのぶっきらぼうなスタイルで述べているように、「革命は客をよんで宴会をひらくことではない」。*[4] いいかえれば、文句なしに成功を収めた正当性ある革命であっても、敗者と犠牲者には事欠かないということである。

経済学者ポール・バランへの一九六二年の手紙で批判理論家のヘルベルト・マルクーゼは、「だれも歴史の犠牲者を気遣うことはない」*[5] と述べている。この言葉は、ソヴィエト共産党の犠牲者たちについては熱烈にモラルをかざしてみせるのに、資本主義のもたらす膨大な人間的犠牲にかんしては黙して語らないリベラルの偽善にむけられていた。それ「おそらく革命には犠牲がつきものである、といった議論」は苛烈かつ残酷でもある判断であるし、マルクーゼ自身もそこにとどまっていてはならないと示唆している。しかし、それはわたしがここでやろうとしている試《エクササイズ》みに重要な視点を与えてもいる。つまり、社会の四つの未来がそれぞれ道徳的善悪の判断にぴったりと割り振られるわけではない

のだ。

わたしたちが通過せねばならない過程の困難さを過小評価してしまうこと、終着点のうるわしさでもってそこにいたる過程でのおそるべき野蛮にお墨つきを与えてしまうこと、これがひとつの危険である。しかし、たどりついた先で、この道のりがどれほど過酷なものであったか、だれに犠牲を強いたかを忘れてしまうという危険もある。ヴァルター・ベンヤミンがその「歴史の概念について」で述べているように、歴史的な説明というものは必ずや勝利者——一般的に歴史を著す側である——に共感するかたむきをもつ。「しかし、いつの時代でも支配者は、かつての勝利者たち全体の遺産相続人である。したがって勝利者への感情移入は、いつの時代の支配者にも、しごくつごうがよい」[*6]。しかしわたしたちはこうもいえる。はっきりとした支配者のいない社会においてすら、歴史は生き残った者に共感する傾向をもつだろう、と。まさに、かれらだけが歴史を記述しうるからだ。ここでわたしたちの最初のコミュニズム的な未来の住人たちをふたたびみてみよう。おそらくかれらは、資本主義的な道を「さして難なく」通過して終点にいたったのではない。エクスターミニズムの恐怖をくぐりぬけながら、長く暗い旅の果てにそこにいたったのである。

エクスターミニズムの中心的問題設定をおもいだそう。豊かさと仕事からの解放は少数者には可能であるが、しかし物理的限界によってそのような生活様式を万人に拡大することは不可能である。その足下では、自動化が大量の労働者を不要なものにしている。その結果が監視、弾圧、収監の社会であり、この社会はだれはばからぬ大量殺戮の社会へと移行しそうな気配をみせている。

しかしわたしたちは、かの深淵をのぞきこんでいるのではあるまいか？「過剰な」肉体が処分され、富裕層がついにロボットと壁に囲まれた居住区に取り残されたとして、そこになにが残るだろうか？　戦闘ドローンや殺人ロボットが解体され、監視装置も徐々に取り外される。生き残った住民たちはその野蛮で非人間的な戦争道徳を過ぎ去ったものとして平等と豊かさの生活に——すなわちコミュニズムに——安住する。

アメリカ合衆国に住むヨーロッパ人の末裔のひとりとして、わたしはそれがどんなことかわかるつもりである。つまるところ、わたし自身、大量殺戮から恩恵を被ったひとりなのであるから。

わたしの社会は、北米大陸の先住民の体系的な絶滅に基盤をおいている。今日、こうした先住アメリカ人たちの生き残った末裔たちは、貧しく、少数で、地理的に孤立している。ほとんどのアメリカ人が、生活を送るうえでかんたんに無視できるほどに、である。たまに生存者たちがわたしたちの関心を惹くこともある。しかし、たいていわたしたちは祖先の野蛮を嘆くことはあれど、じぶんたちの裕福な生活や土地を放棄することをまじめに考えることはない。マルクーゼがいったように、歴史の犠牲者を気遣うものはいないのである。

もうすこし踏み込んでみよう。わたしたちが四つの未来のうちどれかひとつを選択する必要はないというのが重要だ。つまり、それらすべてが同時にあらわれうるし、ある未来からそれ以外のすべての未来へとむかう複数の経路がある。

わたしたちはエクスターミニズムがどのようにコミュニズムへと展開しうるのかをみた。ひるがえってコミュニズムはつねに反革命にさらされている。だれかが人工的な稀少性を再導入し、あたらしいレンティスト・エリートを形成する方法をみつけるようなときは、そうだ。ソーシャリズムは、このプレッシャーにはるかに強くさらされている。というのも共有された物質的困難さの度合いが高まれば高まるほど、ある集団がみずからを特権的エリートに仕立て、システムをエクスターミニズム的なものへと転換させる、そのような推進力も高まっていくのだから。

しかし、文明の崩壊があまりに完璧で、わたしたちが蓄積された知識を失い、あらたなる暗黒時代にでも放りだされないかぎり、わたしたちの知る産業資本主義に回帰する道を想定することはむずかしい。本書のもうひとつの重要なポイントはこれである。わたしたちは過去へ回帰することはできないし、いまにしがみつくことすらできない。あたらしいなにかが到来しつつある。実際、ある意味で、四つの未来のすべてがすでにここにある。ただ、ウィリアム・ギブスンのフレーズを借りれば、「不均等に配分されている」だけなのだ。わたしたちの望む未来をつかみとるのは集合力による闘いだ。そしてその集合力の構築はわたしたちにゆだねられている。

原注——結論

＊1　Dialika Krahe, "A New Approach to Aid: How a Basic Income Program Saved a Namibian Village," *Spiegel Online International*, August 10, 2009.

＊2　Friedrich Nietzsche, *Beyond Good and Evil*, New York: Macmillan, 1907, p. 97〔信太正三訳『善悪の彼岸　道徳の系譜——ニーチェ全集11』ちくま学芸文庫、一九九三年、一三八頁〕

＊3　Bertolt Brecht, *Poems, 1913–1956*, London: Routledge, 1979.〔野村修、長谷川四郎訳「あとから生まれるひとびとに」『ブレヒトの詩——ベルトルト・ブレヒトの仕事3』河出書房新社、二〇〇七年、三四一頁〕

＊4　Mao Tse Tung, *Quotations from Mao Tse Tung*, Marxists.org, 1966.〔『毛沢東語録』〕

＊5　Paul Baran and Herbert Marcuse, "The Baran Marcuse Correspondence," *Monthly Review*, March 1, 2014.

＊6　Walter Benjamin, "On the Concept of History," trans. Dennis Redmond, Marxists.org, 1940〔野村修訳「歴史の概念について」『ボードレール　他五篇』岩波文庫、一九九四年、三三一—三三四頁〕

付録　死の党の台頭

二〇二〇年三月二四日
https://jacobin.com/2020/03/coronavirus-economy-public-health-exterminism

COVID-19パンデミックが猛威をふるうなか、わが支配諸階級は、つぎのような結論に達しつつある。すなわち、利益の損失か生命の損失かを選ぶとすれば、生命の損失（死）を選ぶのだ、と

グローバル経済は、ある矛盾に囚われている――COVID-19パンデミックがその矛盾をもたらしたわけではないが、すくなくともその矛盾を強化している。疫学や気候科学は、短期的にわたしたちが家から出ないようもとめ、長期的には、広範な経済の領域で解体再編の必要があることを訴えている。しかし利益取得と終わりなき成長に依拠する資本主義的経済モデルが、この要請を受け入れることは不可能なのだ。

パンデミックのなかで変化してきたものは、この矛盾がより明確になってきたことである。連日、死者数が上昇するにつれ、隔離と社会的距離を取る必要な期間が終わっても、二〇二〇年の「日常」に回帰できるとはますますおもえなくなってきた。そのかわり、セントルイス連邦準備銀行総裁のような人びとは、数ヶ月以内に三〇パーセントの失業が米国を襲うであろうと警告している。この数字は、大恐慌をも越えている。

この亀裂のなかに飛び込んでいるのが左派である。左派はこの危機に、適切な規模のなかでなら、すくなくとも対応の方向性を主導することはできる。いまこそ、いわば「災害ソーシャリズム」のときである。これが、ナオミ・クラインのいう「災害資本主義」——切迫した危機が根本的な構造的変化を推進するきっかけとされる——へのわれわれの対案である。

この課題はとりわけ切迫している。というのも、それがいま提起されているただひとつの根本的な解決だからではない。支配層——共和党が中心だがそれにかぎらない——のなかに、死の党と呼べるものが台頭しているからである。

拙著『四つの未来』で、エコロジー的危機と急速なテクノロジー的変化という時代的文脈を念頭におきながら、わたしは資本主義からの多様な脱出の道について思弁をめぐらせた。当時もいまもわたしは、資本主義がかつての改良のようなものによって救済できるかどうかはもはや重要な問題ではないと考えている。資本主義のあとになにがくるのか、もはやこれが問うに値する問題である。そしてこの問いへの答えは、政治によって——階級闘争によって——規定されている。

わたしの考えたひとつの「未来」は、「エクスターミニズム」である。資本主義の主要な歴史的矛盾のひとつを検討することが、その出発点であった。すなわち、一方で資本家たちはその労働を労働者階級に依存している。それがかれらの利潤の根本的な源泉だからである。しかし他方、資本家たちは労働者をおそれている。かれらは潜在的に危険であり強力である。なぜならかれらは、必要不可欠な存在だからであり、したがって経済をストップさせる能力をも有しているからである。

この危機のなかで、この［労働者たちの］力の復活を、わたしたちは目の当たりにしている。とりわけ、教育、食料の流通、そしてもちろん医療といった社会的再生産にかかわる中核部門において。しかしまた、労働者階級の大部分が資本の観点からは余分なものになり、資本蓄積の動力というよりも足かせとみなされるようなとき、なにが起きるのかを示唆する不吉な兆候もあらわれている。

『四つの未来』では、自動化が過剰人口としてプールされる労働者を増大させる可能性をもっていることを強調した。この見通しは、いまだ潜在している。だがCOVID-19パンデミックに関連したより切迫した問題としては、高齢で、病持ち、あるいは、要するに、非生産的で利潤に寄与しないとみなされた人びとが、膨大な数にのぼるということだ。

死の党にとって、パンデミックそれ自体が経済的に有益なものにみえはじめている。それとともに、パンデミックと戦うために必要な対策が、病よりもなお悪いとみなされる可能性もある。資本蓄積の狭い観点からすれば、そうなってもまったくおかしくない。

死の党の二〇二〇年綱領を予示するものが、COVID-19の真の危険が広範囲に理解されるのとほぼ同時にあらわれはじめた。[二〇二〇年]三月はじめに、CNBC[ダウ・ジョーンズとNBCが共同設立したニュース専門放送局]の金融担当パーソナリティのリック・サンテリ(Rick Santelli)——反動的「ティーパーティ」の創始者としても有名である——は、放送でウイルスへの過剰反応に警告を発した。「おそらくだれもがそれにかかったほうがよい」のであって「そうすれば一ヶ月以内にことは収まるだろう」と言い放ったのである。アダム・コツコ(Adam Kotsko)がいうように、サンテリは、長いあいだ富裕層に浸透していたサディズムを刺激してみせたのであり、不幸なことにそれは労働者の一部のなかにも支持者をえている。

サンテリの発言は、ショックと嫌悪感に迎えられた。だからといって、政府やメディアの上層部へのそうした感覚の蔓延を抑えられたわけではない。さもなくば、限定的なパンデミック対策をとることで「集団免疫」獲得しようというイギリス政府の当初の方針を理解することはできない。ボリス・ジョンソンの上級顧問であるドミニク・カミングス（Dominic Cummings）は「年金生活者が多少死ぬとしたら、そりゃ気の毒だがね」といったと伝えられている。

こうした考えは、大西洋の両側の死の党の日常感覚として、人気を獲得しつつあるようにおもわれる。トランプ大統領は、不吉にもつぎのようにツイートしている。われわれは「『仕事に戻りたがっている。感染という』問題よりも対処法のほうが悪くなってはならない」。こんなトランプの発言は、「経済のクラッシュ」を心配して「数週間のあいだに、感染のリスクの低い人間は仕事に戻す」よう提案している、ゴールドマンサックスの最高経営責任者ロイド・ブランクファインの感覚と共鳴している。

『ウォール・ストリート・ジャーナル』紙もおなじような論調である。『ニューヨーク・タイムズ』紙の報じるところでは、共和党は「金融市場が下落をつづけ、四月の失業が数百万人にのぼる可能性があるため、経済を再開する方法をみつけるようホワイトハウスと合意した」。

しかしながら、このような考えは共和党にかぎられたものではない。この週末、おなじ『ニューヨーク・タイムズ』紙は、パンデミックの抑制は経済を再生させることより重要度が低いと論じる、死の党のリベラル版といった感の二つの論説を掲載している（そのひとつはもちろん、いつもろくでもないことしかいわないトーマス・フリードマンである）。

フリードマンは、この領域の専門家と話をすることも、資本主義の現状への根本的な変化を考察することもなく、仲良しの学者をピックアップし、数週間以内に正常に復帰できるという持論を裏づけてみせる。「コロナウイルスに感染したら、さっさと回復して、仕事に戻ろう」というわけだ。イェール公衆衛生学校のグレッグ・ゴンサルベス（Gregg Gonsalves）は、怒りのツイートで応酬した。「社会的距離を取ることは多数の人に［経済的な］損失を与えるであろう。だがそれとともに、多数の死をも防ぐはずだ……感染を悪化させるよりも、困窮した人びとの経済的被害を改善することをなぜ考えないのか？」。

わたしたちは、もちろん、なぜか知っている。「困窮した人びとの被害を改善すること」は、資本主義の現状に対するなんらかの疑義を招きよせ、わたしたちの社会にそれに対応するよう促してしまう。ロイド・ブランクファインやトーマス・フリードマンのような人間にとって、それは世界の終わりに等しいのだ。それゆえ、かれらにとって、死の党は、それがいかに不穏にみえようが、唯一の実行可能なアプローチなのである。

この戦略の残忍さは、それが手遅れになったとき、病院が満杯になり、医療システムも経済も双方ともに崩壊したとき、あきらかになるだろう。このとき、フリードマンからトランプにいたるまでの人間たちを、ばかげた解決策と一か八かの治癒法を売り歩いた責任からまぬがれさせようと、レトリックの戦略が発動されるだろう。死の党が自己責任の党であるのはこのためである。もちろん、そこで問われるのは、かれらの責任ではなく、われわれの責任である。権力の座にある人間たちが、責任を問われることはない。富裕な者たちは、下層の者たちの愚かさを、悲痛に嘆いてみせるであろう。あの軽薄な若者連中がマイアミ・ビーチでパーティをやりさえしなかったら、というわけだ。

この犠牲者を責める戦略の基本的枠組みはすでに作成ずみである。リーダーたちは、隔離不足を非難し合うようにわたしたちを仕向けている。そうして、人間をおろそかにしながら資本優先で危機管理にいそしんでことを責められるのを避けるのである。社会的距離をわたしたちがたがいに求めあうことが悪いとか必要ないというのではない――いま現在、わたしたちが生き延びるための数少ない手段のひとつがそれなのであるから。

しかし、ニューヨーク州知事のアンドリュー・クオモが家から出ないようニューヨークの人びとに呼びかけながら、同時に、パンデミックの最中にもメディケイド［低所得者むけの公的医療保険制度」を削減しようとしていることを見逃してはならない。あるいは米国公衆衛生局長官がつぎのように警告していることを忘れてはならない。「この状況を深刻に受け止めている人間がすくなすぎる」と。この状況をもっとも深刻に受け止めていない人間が、かれのホワイトハウスのボスなのだ。

ソーシャリストたちはつねに、人間のニーズこそ利潤よりも優先されるべきであると主張してきた。株式市場は経済ではない。働く人びとを困窮させ地球を破壊する経済を変革する必要がある、と。支配階級がその自陣営内部の違いを越えてこぞって、「利益の損失と生命の損失を比べるならば、われわれは生命の損失（死）を選ぶ」という結論にいたるとき（惜しむべき死とそうでない死を峻別しながら）、このメッセージはきわめて切迫したものとしてあらわれるであろう。

訳者解説

本書は Peter Frase, *Four Futures: Visions of the World After Capitalism*, Verso, 2016 の翻訳である。すでに韓国語、スウェーデン語、ルーマニア語、ポーランド語、トルコ語、イタリア語などに翻訳されている。日本語訳の公刊を引き受けていただき、かつ訳文を詳細に検討していただいた以文社の前瀬宗祐さんには、いつもながら（しかし異例の「訳者解説」冒頭で）感謝の意を表したい。

新世代の社会学者によるこの小著は、「ジャコバン・シリーズ」の一冊として、二〇一六年に公刊された。鍵（レンティズム）とワイン（コミュニズム）、髑髏（エクスターミニズム）、そしてじょうろ（ソーシャリズム――植物に与える水をシンボルしている）をそれぞれのせた四つの台車がベルトコンベアーを流れている風景をポップに描いた、鮮やかなブルーの目を惹くカバーの「キュート」な本である。

このシリーズはヴァーソ社とニューヨークを拠点とする雑誌『ジャコバン』のコラボレーションによるもので、「ソーシャリズムの視点から政治、経済、文化について短い問いを投げかける」と銘打ったこのシリーズは、本書のような資本主義をめぐる原理的問題を論じたものもあるが、移民、中絶、レイシズム、ラテンアメリカの政治、教育労働者のストライキ、ジェントリフィケーション、ポピュリズムなどのより個別の争点に対してソーシャリスト的視点からアプローチし、これらの争点に関心をもつ人たちの入門になるようなかたちでそれぞれ簡潔にまとられ、すでに一八点の本を公刊している。

*

ピーター・フレイズが編集委員のひとりを務めている『ジャコバン』誌は、二〇一〇年代から現在にいたるまで、この時期に世界中で爆発した「新世代」を中心としたラディカルな知的・実践的流れの、ひとつのプラットフォームとなった。創刊は二〇一〇年である。この年にまずオンラインで、翌年には紙ベースで公刊がはじまる。はじめたのは、トリニダード移民の両親をもつバスカー・サンカラ（Bhaskar Sunkara）なる人物だ。ただし、両親はいずれも、トリニダードに到着した時期こそ異なるが、インド／パキスタンにルーツをおく。

サンカラは一九八九年生まれだから、創刊時は二〇歳を越えたばかりという若さである。[*1] オーウェルの本とトロツキーへの関心から出発したサンカラは、一七歳のときにのちに述べる「アメリカ民主社会主義者同盟（The Democratic Socialists of America; ＤＳＡ）」に参加し、青年部門のブログ「ジ・アクティヴィスト」のエディターとなる。本書の著者ピーター・フレイズとも、そこで最初に知り合ったらしい。

サンカラの行動力はおどろくべきものだ。かれは、ジョージ・ワシントン大学で歴史学を学ぶが、中途で病にかかり、一年ほど大量の西洋マルクス主義と社会主義文献を読んですごすことになる。体力も回復するなかで、かれは『ジャコバン』誌の公刊をおもいつく。それが二〇一〇年の夏のことだが、サンカラのおどろきの行動力は、そのおもいつきを即座に実行に移し、そして成功させたこと。つまり、その年の九月の半ばにはオンライン版を公刊していたのである。こうして「『ディセント』や『ニュー・ポリティクス』のような旧来の左翼知識人を支えてきた冷戦パラダイムにまったくしばられていない若い世代のもの」とサンカラ自身のいう『ジャコバン』誌が誕生する。出版にかんしてずぶの素人で、初期段階では制作から編集までほとんどひとりでこなし、最初の年

＊1　二一歳のときである。生い立ちから創刊までのサンカラにかんしての詳細は、Bhaskar Sunkara, 2014, Project Jacobin; interview, in *New Left Review*, 90, Nov/Dec. を参照せよ。サンカラには以下の著作がある。*The Socialist Manifesto:The Case for Radical Politics in an Era of Extreme Inequality*, Verso, 2019.

は年間予算二四〇ドルだったというサンカラに、DSAのような組織からのバックアップがたいしてあったようにもみえない。このすぐに世界中に名を知られるようになるあたらしいジャーナルは、その立ち上げにあたって、世界の変革をもとめる若い移民の子息のアイデアと情熱のみによってほとんど支えられていたようなのだ。

サンカラの当初の意図がインタビューで詳細に述べられている。日本語圏でも参考になるとおもうので、引用しておきたい。

わたしにとっては、『ジャコバン』誌は、レーニン主義でもなく、たとえば『ザ・ネーション』誌や『イン・ディーズ・タイムズ』誌に掲載されるような広範囲なリベラル―左派の見解でもない政治を表現する方法でした。中道ではないということです。わたしは、非妥協的なソーシャリストでありつつも、『ザ・ネーション』のような親しみやすさと、より左に位置する公刊物の政治的シリアスネスをあわせもつヴィジョンをうちだしたかったのです。読書に投入した一年間にわたしが学んだことの多くは、こうした考えをできるだけシンプルに伝える方法だった。若いマルクス派はジャーゴンを多用する傾向があり、それはひとつには危機感を醸成するためではある。だから、ジャーゴンが必要なこともあるのもわかりますが、そこで表現されている考え方の多くは、実はそれほど複雑なものではないのです。だから、どうすればそれを大衆化し、主流のうちに食い込ませることができるかを考えていたのです。だから『ジャコバン』は大胆で、若々しく、読みやすい雑誌をめざしたのです」[*2]。

その創刊がまさに二〇一一年の世界的大衆運動の高揚の直前であったというのも、二〇〇八年の金融クラッシュをへた、ひとつの時代的必然だったというべきか、それ以降、『ジャコバン』誌は、すでに多数芽吹いていたポスト資本主義を知的・実践的に模索する新世代を中心としたメディアが世界中で増殖をみせるなかでも、（良くも悪くも）確固たる位置を占めてきた。おそらく、アメリカ合衆国を中心として、若い世代にポスト資本主義、そして「ソーシャリズム」の観念への支持を普及させたのには、かれらの活動がひとつの役割をはたしていることはまちがいない。

---

*2　Ibid.

創刊直後から、『ジャコバン』のすぐれたヴィジュアルを担うことになるレメイケ・フォーブズ（Remeike Forbes）のようなデザイナーもふくめ多数の人が共感を寄せ、その視覚的表現が洗練されていくとともに、書き手もおどろくべき数を誇ることになる（数百人をかぞえる）。そして時宜に即しながら、それを可能にしたのが、ひとつには、おそらく同世代の共有する反権威主義、すなわち、マルクス派的傾向を強くもちながらも、権威主義から遠くあろうとするサンカラの姿勢だったといえる。*3

もともと「ジャコバン」というタイトルをサンカラが選んだのは、それがラディカルでありながらも人をイデオロギーで縛ることが最もすくない、という配慮からであった。フレイズもこう述べている。「わたしたちがソーシャリストと名乗るのは、資本主義とは異なるシステムを望むという一点においてです。もちろん、あからさまにレイシズム的であるような記事を書きたい人が歓迎されるわけではありません。ですが、それ以上に、なにか党派的線引きがあるわけではありません」。

このような態度によって、このメディアは、ポスト資本主義を模索する人びとの結集軸たりえたのである。そして、それによって、現実の実践的・理論的課題のつきつけるままに、多種多様な争点、多種多様な見解に開かれた『ジャコバン』誌の記事の、きわめて高いクオリティが保証されている。

訳者はかならずしも、かれらの方向性のすべてに共感しているわけではない。しかし、総体としてみると、かれらが、狭い業界内でのポジション取りに腐心したり、「頭のよさ」や「センスのよさ」を誇示し合ったり、あるいは直接／即時の効力を競ったりするのではなく、たとえばパンフレットのように可能なかぎり多数の人にひらかれた表現でもって、地道に現状を分析し、ソーシャリズムの可能性を伝えようとするその姿勢には、ソーシャリストであれなんであれ、この世界をなんとかしたいと考え行動するものの原点がくっきりとみえて、ときに感動もするのである。[*4] 本書も、本書の属する入門的シリーズも、そうした努力の一環である。

創刊一〇周年記念号で、フランスとイタリアのコミュニズムの歴史家であるデヴィッ

＊3　ただし『ジャコバン』誌は、けっして排除はしていないとはいえ、基本線においては、アナキズム的潮流とは一線を画している。本書では、その指向性がコミュニズムとは異質な次元にソーシャリズムをおく理由と響き合っているといえる（ただし、「ソーシャリズム」だけをとれば、アナキズムの伝統も強力である）。

＊4　たとえば、*The ABCs of Socialism*, Verso, 2016 をぜひみてほしい。

ド・ブローダー（David Broder）が、創刊当時の『ジャコバン』誌が与えた新鮮なおどろきについて、つぎのように指摘している。

イギリスやアメリカにおける左派の歴史は、一時的な躍進よりも、敗北の期間のほうがはるかに長く、深いものであり、挫折のときには、たとえそれが国政に参与するものではなくても、希望を育み、組織化するための同志のグループをもつことがとくに意味をもつ。

二〇一〇年以降の数年間、『ジャコバン』誌は部分的にこれとおなじ機能をはたしていた。ソーシャリズムが比較的周縁的勢力でありつづけていたときにも、それはすぐに多様なソーシャリストが共感できる媒体となったのである。しかし、ジャコバンはそれ以上のこともしてくれた。反対意見をくりだしたり、カッコよくみせたりするだけではなく、ソーシャリズムを多数の人びとの物質的利益に応える、現実的な未来として考えるための訓練もしてくれたのだ。

これは地味に響くかもしれない。しかし、二〇〇〇年代にマルクス主義がラディカルな「批判」学派のひとつとして再ブランド化された状況との対照で、それは新鮮だった。さまざまな学問的な流行が、いわゆる灰色のマルクス主義の正統性に対し、みずからがより「侵犯的」であることを誇っていた。世界を変えることは経済の計画や国家によって保証される権利とむすびついていると主張する人びとについては、講義室では語られなかったのである。[*5]

ソーシャリズムは資本主義とは別のシステムのマーカーであると先ほどフレイズの言葉を借りて述べたが、本書にもあるように、コミュニズムと区別された意味での、ソーシャリズムは、マルクス派的傾向の強い[*6]かれらにとっては、国家、そしてなんらかの経済の計画と関係している。訳者自身は、巨大インフラにかかわる争点を前にしたときのマルクス派がとりがちな発想や態度にはつねづね違和感をおぼえているが、いずれにし

＊5　David Broder, 2020, When the Left Grew Up（https://jacobin.com/2020/10/jacobin-ten-year-anniversary-broder）

＊6　『ジャコバン』誌にかかわる人間はすべてソーシャリストではあるが、全員がマルクス派であるわけではない、とフレイズは述べている。Peter Frase, 2016, "A clear break with the old politics": interview with Peter Frase of Jacobin（https://www.workersliberty.org/story/2017-07-26/clear-break-old-politics-interview-peter-frase-jacobin）

ても、未来を構想するにあたって避けて通れない争点である。そして、これをどう考えるかが、議論や立場の分岐点のひとつとなるはずだ。

しかし、一点だけ述べておくと、訳者は、本書がソーシャリズムのヴィジョンにかんしてあげる、ロサンジェルスにおける駐車場の市場を通した管理のように、このような具体性を通して、そしてすでに実現していたりする具体例を通して、未来を考える訓練をすること、あるいは、なにかすでにあるものにせよ、それが別の全体性におかれたとき、どう機能するか、それを考えることはとても大事だとおもっている。たとえば、日本において公共機関の運賃がすべて無償化されたとする（それが可能になるためにはどのような変化が必要かという問いはおいたとしよう）。この施策がもたらす変化は、おそらく、現在の交通システムのアクセスが万人にとってかんたんになるという次元にはとどまらないはずだ。つまりそれは、産業のありよう、人口の配置、共同体の変化など、多大なる次元に影響を与えるはずだし、それが可能にする条件を、わたしたちの社会の深部に及ぶ変容の機会とすることもできるだろう。それがいったい、どのような社会の実現に機能できるのか。

いずれにしても、「古いものは死につつあるが、あたらしいものはまだみえない」現代世界にどのような認識をもたらすのか、チョムスキーが「暗い時代の一筋の光」と呼んだ『ジャコバン』誌がこの一〇年あまりで示してきたプロセスは、そのプロセス自体によって人を励まし、大量の書き手と運動の波動を背景とした個々の質の高い記事はウェブを通して世界中で読まれてきたのである。

ちなみに、今年、サンカラは『ザ・ネーション』誌のプレジデント（社長）に就任している。

＊

著者のピーター・フレイズは、そのサンカラの政治的経歴における初期からの仲間である。年齢を示唆する情報はほとんどないが、あるインタビューではサンカラのちょうど一〇歳年上であると述べている。原型となる長い記事は、[*7] 二〇一一年に、創刊したばかりの『ジャコバン』誌で発表されているから、本書はしたがって、およそ三〇代はじめから中盤にかけて書かれたといえるだろう。

＊7　Peter Frase, 2011, Four Futures（https://jacobinmag.com/2011/12/four-futures）

すこし前まではヴァーソ社のウェブサイトでのプロフィールは、「『ジャコバン』誌の編集委員、ニューヨーク市立大学大学院センターの社会学の博士論文提出志願者（Ph.D candidate）」となっていたが、最近のかれのホームページのプロフィールだと、『ジャコバン』誌の編集委員であることには変わりはないが、もはやPh.D candidateの表記は消え、そのかわりlapsed academic sociologist（挫折した、就職活動をやめた、といったところだろうか）となっている。*8

また、フレイズがしばしば寄稿している『イン・ディーズ・タイムズ』誌では、アメリカ民主社会主義者同盟ハドソンバレー支部副委員長と紹介されている。現在もおなじかどうかはわからないが、ユージン・デブスのアメリカ社会党の流れを汲み、離合集散をくり返しながら、オカシオ＝コルテス（Alexandria Ocasio-Cortez）や米国議会初のパレスチナ系女性議員であるラシダ・タリーブ（Rashida Tlaib）のような下院議員も生みだしている、このアメリカ合衆国のソーシャリズムの潮流については読者のみなさんもどこかで耳にしたことがあるのではないだろうか。その中核に位置しているのがDSAであり、いうまでもなく『ジャコバン』誌もこの流れとむすびつきながら生まれてきたのである。

DSA自体は政治組織であって政党ではないが、とりわけCOVID-19の渦中に、それまでの六千人から二〇二一年には九万五千人にメンバー数を大幅に増加させ、地方支部数も二三九に達した（メンバー数は、二〇二三年八月時点で七万七五七五人に減少している）。注目すべきはメンバーの年齢であり、二〇一三年には六八歳だったという中央値は、二〇一七年には三三歳となっている。劇的な世代交代だ。このような理由から、DSAは、ミレニアル世代のソーシャリズムへの傾斜を最もよく表現する政治潮流ともくされている。『ジャコバン』誌は、先述したようにおどろくほどの数の書き手を抱えている（研究者や研究者挫折組、活動家、ジャーナリストなどをふくむ）し、それがその記事のクオリティを支えているようにおもわれるが、その文脈にはこうした資本主義のつぎの世界を模索する「世代」としか呼びようのない意識の切断があることは考慮すべきだろう。

＊

公刊された当初、訳者は本書を読んで、なんて役に立つ本をつくってくれるんだ、と

＊8　http://www.peterfrase.com/

感心したと同時に、このようにポスト資本主義論を消化して明快にまとめた本を、おそらく三〇代くらいであろう世代の人物が公刊できるほどのポスト資本主義論の成熟を感じたのであった。

実際、本書では、ポスト資本主義にかかわるさまざまな議論が、現代世界を徘徊する二つの亡霊、すなわち、(1) エコロジカルな破局(気候変動)と (2) 自動化、を揺るぎない現代世界の趨勢とおいたうえで、これからの世界を、コミュニズム、ソーシャリズム、レンティズム、エクスターミニズムという四つの未来を分類の基礎として、みごとに咀嚼していた。これが、実年齢は不明だが「ポスト二〇一一年世代」とでもいうべき若い世代によって書かれていることはあきらかだった。

さらに、本書はセオリーにかかわる次元の思考を、わたしたちの未来をどう構築するかといった実践の次元に翻訳しながら、そこで論じられている争点を、まさにわたしたちがいまここでどうするのかという切迫した問いとして提示している。しかもそれを、かれのひとつの思考のルーツであるというSFすなわち「スペキュレイティヴ・フィクション」にインスピレーションのみならず、方法をももとめながら、提示されているのであある(フレイズは、みずからの知的源泉をマルクスとSF(サイエンス・フィクション)であると述べている）。

かれはあるインタビューでこういっている。「各章のなかでわたしは、二つのことをやろうとしています。まず、いまなにが起きているかをつきとめること、そしてもうひとつはそれがもたらしているだろう選択肢を推定すること。そう、これは風変わりな本なのです。アイデアはそれほど目新しいものではない。だけど、それを変わったやりかたで論じているのです[*9]」。

このいくつもの意味でみごとな「手引きの書」に、さらに「手引き」をつけるなどという所業はヤボというか、むしろ読者のみなさんの読みを邪魔するものにしなならないだろう。だから、それをここでおこなうつもりはない。かれ（ら）が小著にしたことに込めた意味を尊重して、ここでは本書を取り巻く政治的・文化的コンテキストの一部だけを紹介して、訳者の務めを終えたい。

それでも、翻訳の方針について、すこし述べておく必要がある。本書では、コミュニ

＊9　Peter Frase, 2016, "A clear break with the old politics": interview with Peter Frase of Jacobin（https://www.workersliberty.org/story/2017-07-26/clear-break-old-politics-interview-peter-frase-jacobin）

ズム、ソーシャリズム、レンティズム、エクスターミニズムというふうに、基本となる四つの未来にあてられる語彙を、カタカナで表記している。いうまでもなく、コミュニズムは伝統的に共産主義、ソーシャリズムは社会主義と翻訳されてきた言葉である。コミュニズムに、生産至上主義とどこかでむすびついた「共産主義」という日本語をあてる妥当性については以前から指摘されてきたが、その問題とともに（その問題と関連しながら）、コミュニズムを二〇世紀の破滅的な大文字の〈コミュニズム〉と区別し、長期のそして複数の伝統とその現在形としての意味をより強くもたせるために、カタカナ表記が近年では普及してきた。本書もそれにならっている。レンティズムについて。本書を読んでもわかるように、レントはレントとするしかないようにおもうが、「レント主義」という訳語の選択の可能性もあった。そして、ソーシャリズムである。これも社会主義という定訳があり、それでもかまわなかったのだが、どうしてもコミュニズムとの整合性から「美しく」ない。コミュニズムをそちらに合わせてコミューン主義とするのは、きわめて問題であり、論外だった。となると、すべてカタカナにするしかないと判断した。エクスターミニズムは、そのような論理の延長である。「絶滅主義」でもよかった、というか「絶滅主義」のほうがよかったとおもうが、これも全体の整合性からエクスターミニズムとカタカナ表記にした。その都度、読者のみなさんの一番納得できるかたちで呼んでもらえればとおもう。

＊

最後に二点だけ書き記しておきたい。

一点めは、訳者のねがいとして、もちろんこうした作業に「世代」もなにもないのは原則だとしても、やはりフレイズやサンカラ、あるいはオカシオ＝コルテスでもいいが、おそらく資本主義世界システムのなかで、さまざまな条件をだれよりも共有するはずの、かれらと同世代、あるいはそれ以下の世代の日本語圏の人びとが、率先して、こうした日本語圏以外のあたらしい世代の人びとの模索に関心を寄せ、さまざまな方法で対話しながら、さらにそのプロセスを翻訳なり論評なりのかたちで表現してほしいことである。もちろん、それは『ジャコバン』誌の路線と原則において対立するような立場、たとえばここでいわれるような意味でのソーシャリズム的な次元を認めないような立場（一例をあげれば、アナキズム的立場）でもかまわない。

二点め。本書の翻訳を、訳者は、読書会に使用されるテキストをイメージしながらおこなった（『ジャコバン』誌においても、読書会が雑誌の運営においても重要な「デモクラシー的」役割を担っているのだが、そういうおおげさな話でもなく）。いうまでもなく、ひとつの本はどのようなかたちで読まれようと自由であるが、それでも本書は、仲間で集まって、対話のなかで、ときに批判したり、そこから拡大したり、アイデアをぶつけあいながら、未来を想像するためのひとつのたたき台として読まれるのが最もふさわしいようにおもわれる。

いま、未来を想像することはとても大切なことだ。わたしたちは、ネオリベラリズムの支配のもとで、長いあいだ、「対案がないなら批判するな」式の粗暴な対案主義に苦しめられてきた。しかし、それは「対案」が不要であるということではない。わたしたちの知る「対案主義」とは、なによりも批判を封じるためにだけ存在するのであって、ネオリベラリズムのもとでは、それ以外の選択肢《オルタナティヴ》の存在しない世界のなかで、現存する唯一のゲーム以外はない、それを受け入れろという命法の言い換えである。つまり、うんこ味のカレーか、カレー味のうんこかといった無体な選択を迫られたとしても、どちらもイヤだという「選択肢」の存在しない、基本的に抑圧的なイデオロギーなのだ。

このゲームそのものが崩壊しつつあるとき、わたしたちはあたらしいゲームを創造しなければならない。そうでなければ、本書にあるように、あるいは本書に付したエッセイにあるように、「死の党派」のシナリオが今後の世界を支配することになるだろう。本訳書では、『ジャコバン』誌オンライン版に二〇二〇年三月二四日付でアップされた、フレイズによるCOVID-19パンデミックについての論考[*10]を追加している。これはもともと、二〇二〇年に以文社のサイトにアップしたもので、本書訳者が翻訳、紹介したものに若干の手をくわえたものである。ここではコロナ禍のなかでより優勢になりつつあったエクスターミニズムの趨勢が指摘されている。

まさにその死の党派、死のパルチザンたちは、すでに、みずからのありあまる富に由来する資金を投入して、その未来の実現にむかっている。パンデミックはその未来への傾動とその阻止をめぐる抗争の存在をくっきりとみせてくれたが、それと同時に、死のパルチザンたちの動きをより活性化させているかのようにみえる。かれらはたとえば、

*10　Peter Frase, 2020, The Rise of the Party of Death（https://jacobinmag.com/2020/03/coronavirus-economy-public-health-exterminism）

富を通じてこの世界を好きにする権利、「事実」や「真偽」をも意のままにする権利を世界の人びとにむけてこれみよがしに示してみせるとともに、「生産性」に寄与しない者の死をもあからさまに口にしはじめた。こうした破滅的な動きを阻止するためには、わたしたちは、かれらのものとはちがう、あたらしいゲームを創造しなければならない。本書をつらぬく危機感もそれだ。

しかし、そのためには、いまわたしたちが強いられているゲームがどのようなもので、それがどのように解体しはじめているのかを、わたしたちなりに認識する必要がある。本書は、そうした認識と、そしていま崩壊しつつあるゲームのうちにすでにどのような未来が動きはじめているのか、かんたんな地図をわたしたちにさしだしてくれているのである。

二〇二三年一〇月一日

酒井隆史

装幀　大友哲郎
写真（カヴァー・表紙・扉）　河西遼

著者紹介

ピーター・フレイズ（Peter Frase）

『ジャコバン』誌（https://jacobin.com）編集委員．アメリカ民主社会主義者同盟（The Democratic Socialists of America）ハドソンバレー支部副委員長．『ジャコバン』誌のほか，『イン・ディーズ・タイムズ』（*In These Times*）などさまざまな媒体で執筆．本書（*Four Futures: Visions of the World After Capitalism*, Verso, 2016）は，韓国語，スウェーデン語，ルーマニア語，ポーランド語，トルコ語，イタリア語に翻訳されている．

訳者紹介

酒井 隆史（さかい たかし）

1965 年生まれ．大阪府立大学教授．専門は社会思想，都市史．著書に，『賢人と奴隷とバカ』（亜紀書房），『ブルシット・ジョブの謎』（講談社現代新書），『完全版 自由論』（河出文庫），『暴力の哲学』（河出文庫），『通天閣　新・日本資本主義発達史』（青土社）など．訳書に，デヴィッド・グレーバー＋デヴィッド・ウェングロウ『万物の黎明』（光文社），デヴィッド・グレーバー『ブルシット・ジョブ』（共訳，岩波書店），『官僚制のユートピア』（以文社），『負債論』（共訳，以文社），ピエール・クラストル『国家をもたぬよう社会は努めてきた』（洛北出版）など．

四つの未来

――〈ポスト資本主義〉を展望するための四類型

2023年11月20日　第1刷発行

著　者　ピーター・フレイズ

訳　者　酒　井　隆　史

発行者　前　瀬　宗　祐

発行所　以　文　社

〒101-0051 東京都千代田区神田神保町 2-12

TEL 03-6272-6536　　FAX 03-6272-6538

印刷・製本：中央精版印刷

ISBN978-4-7531-0380-5